Die Klodeckel-Chronik

„Nicht die Diktatoren schaffen Diktaturen, sondern die Herden.“

Georges Bernanos, frz. Schriftsteller (1888-1948)

Ramin Peymani

Die Klodeckel-Chronik

Eine Gesellschaft auf dem Irrweg

*Bibliografische Information der Deutschen Nationalbiblio-
thek: Die Deutsche Nationalbibliothek verzeichnet diese
Publikation in der Deutschen Nationalbibliografie.*

*Detaillierte bibliografische Daten sind im Internet über
http://dnb.dnb.de abrufbar.*

*Umschlaggestaltung,
Herstellung und Verlag:
BoD - Books on Demand, Norderstedt*

ISBN: 978-3-7322-9307-0

Inhaltsverzeichnis

Prolog

Seit Jahrtausenden ringen wir nun schon um die beste Staatsform, mit dem Ziel eines möglichst gerechten und stabilen Zusammenlebens. Dieses Ringen hat in der westlichen Welt Gesellschaftssysteme hervorgebracht, die sich auf Freiheit, Gleichheit und Solidarität berufen. Sie stellen die größtmögliche Entfaltung des Individuums sowie die Fürsorge für die Schwachen in den Mittelpunkt. Doch was ist aus diesen Errungenschaften der Aufklärung geworden? Schätzen wir ihren Wert noch, indem wir sie mit dem notwendigen Augenmaß einsetzen? Oder sind wir längst auf einen Kurs eingeschwenkt, der an seinem Anspruch scheitern muss, es jedem recht machen zu wollen? Haben wir gar im unablässigen Streben nach Gerechtigkeit das rechte Maß verloren? Ist die allseits gepriesene Offenheit einer immer globaleren Welt am Ende mehr Fluch als Segen? Und macht uns die rasante Eroberung der Demokratie durch die Wohlmeinenden nicht eher unmündig als frei?

Eine Patentlösung hat sicher niemand, doch fallen meine Antworten auf all diese Fragen recht eindeutig aus. Und so zeigt dieses Buch an mehr als fünfzig Beispielen, wie sehr unsere Demokratie sich selbst im Weg steht. Nicht immer geht es dabei um die große Politik. Oft sind es gerade die kleinen Ereignisse des Alltags und die eher unscheinbaren Randnotizen, die den Irrweg der modernen Gesellschaft illustrieren. Interessengruppen geben den Ton an, nicht nur wirtschaftliche, sondern auch solche, die vorgeben, sich für soziale Belange oder die Umwelt zu engagieren. Von der Politik wird der Interessenmix dabei nicht mehr gestaltet, sondern nur noch verwaltet, weil das Gesamtsystem im

Zuge der angestrebten Allgefälligkeit in wechselseitigen Abhängigkeiten erstarrt. Der Zeitgeist hat überdies vieles hinweg gespült, was der Gesellschaft in der Vergangenheit Form und Halt gegeben hat.

Zu verdanken haben wir dies nicht zuletzt einer alles verschlingenden Political Correctness, die in Verbindung mit der europaweiten Renaissance des Etatismus immer weniger Raum zur persönlichen Entfaltung lässt. Staatsgläubigkeit ist das Gebot der Stunde. Die Verfechter des Nanny-Staates haben Hochkonjunktur, weil der Appetit auf ein selbstbestimmtes Leben rapide nachzulassen scheint. Wer hingegen Selbstverantwortung fordert und den Staat in erster Linie als Helfer in echter Not begreift, gilt als kalt und herzlos. Mit der moralischen Keule der nicht objektiv definierbaren „sozialen Gerechtigkeit" wird jeder Widerstand im Keim erstickt. Es ist das präventive Kümmern, das man vom Sozialstaat heutiger Prägung verlangt. Und immer mehr Menschen sind offenkundig gerne bereit, ihre Freiheitsrechte für die vermeintlichen Verheißungen eines Fürsorgestaates einzutauschen.

Dieser Fürsorgestaat soll nach unten umverteilen. Gerecht ist, was „denen da oben" nimmt und „uns hier unten" gibt. Nicht mehr die Sicherstellung des Existenzminimums ist Grundlage staatlichen Handelns, sondern der laute Ruf der Masse, die empört skandiert, dass sie nun auch mal etwas abhaben will. Die Besserverdiener sollen gefälligst mehr Steuern zahlen, damit der Staat jeden (vielleicht auch aus eigenen Fehlern) gescheiterten Lebensentwurf mit größtmöglicher Finanzkraft alimentieren kann. Und da der Fürsorgestaat zunehmend mehr verspricht, finden sich naturgemäß immer mehr Anhänger für das Postulat der Umverteilung. Folgerichtig gibt es inzwischen nur noch sozialdemokratisierte und sozialistische Parteien im höchsten deutschen Parlament. Denn mit Appellen an die Selbstverantwortung des Menschen sind heutzutage keine Wahlen mehr zu gewinnen. Bestenfalls reicht es für einen schrillen Lacher in einer politischen Satiresendung.

Das Zepter haben längst die Gutmenschen übernommen, die allerdings nicht selten eher kalkulierend als altruistisch ans Werk gehen. Sie sind irgendwie unangreifbar, weil sie sich für das Gute stark machen. Doch wo gute Menschen Gutes tun, reden Gutmenschen häufig nur darüber. Und sie bevormunden gerne. Vor allem aber fehlt ihnen jedes Verständnis dafür, dass eine Gesellschaft ihren Zusammenhalt nicht aus Nivellierung bezieht, sondern aus Orientierung. Menschen vergleichen sich miteinander, und das ist gut so. Es dient dem Wettbewerb, der unerlässlich für die Weiterentwicklung jedes Einzelnen und der Gesellschaft als Ganzes ist. Chancengleichheit lautet die Devise, nicht Gleichmacherei. Und auch im Wettstreit der Konzepte sollten die besseren Argumente und nicht Ideologien den Ausschlag geben. Doch Gutmenschen sind Fundamentalisten. Zweifel an ihrem Glauben tolerieren sie nicht. Stattdessen wird der Gesellschaft diktiert, was „richtig" und „falsch" ist.

Es erscheint dabei nur auf den ersten Blick paradox, dass trotz aller Gleichmacherei das Einzelschicksal im Mittelpunkt des Gutmenschentums steht. Und doch fühlen sich immer mehr Menschen ungehört, obwohl inzwischen jede noch so kleine Gruppierung ihre eigene Bühne bekommt. Die Allgemeinheit zahlt dabei den Preis dafür, dass Einzelne ihren ganz speziellen Lebensentwurf verwirklichen oder ihr persönliches Anliegen durchsetzen wollen – im ganz sprichwörtlichen Sinne. Wo aber die Rücksichtnahme auf Einzelinteressen regiert, fühlt sich bald niemand mehr an Regeln gebunden, weil immer noch ein bisschen mehr herauszuholen ist. Dieser Effekt wird dadurch verstärkt, dass den selbsternannten Weltverbesserern aufgrund ihrer großen Fokussierung auf vermeintlich Benachteiligte die Kraft zur Sanktionierung von Missbrauch fehlt.

Die Allesversteher, für die selbstverschuldetes Leid nicht existiert, haben den Grundstein für die heutige Demokratiekrise gelegt. Sie haben durch ihr alles verzeihendes Verständnis zu eben jenem Verfall der Werte beigetragen, der von ihnen selbst so heftig beklagt wird. Als Anwalt auch derer, die unsere gesellschaftlichen Spielregeln nicht einhalten, haben sie Gräben vertieft, wo sie glaubten, Brücken zu bauen. Sie haben eine Gesellschaft geschaffen, die es denen, die zur Rechenschaft gezogen werden müssten, leicht macht, sich aus der Verantwortung zu stehlen. Ihrem naiven Menschenbild gehorchend haben sie trotz aller Warnsignale etwa der Finanzindustrie so lange gutgläubig das Feld überlassen, dass diese uns heute erpressen kann. Aber auch im Kampf gegen alle anderen Kriminellen schaden die Gutmenschen der Gesellschaft mehr als sie ihr nutzen. So sehr haben sie ihre Sorge um Härtefälle kultiviert, dass jeder Täter auf mildernde Umstände hoffen darf. Nicht etwa wegen schwacher Gesetze, sondern weil nachsichtige Richter den Strafrahmen nicht ausschöpfen. Besonders groß ist die Nachsicht der Jugendgerichte.

Vor allem aber muss man den Gutmenschen vorwerfen, den Staat finanziell zugrunde zu richten. Am deutlichsten zeigt sich dies bei den Sozialausgaben. Reflexartig wird das anvertraute Steuergeld an allerlei „Bedürftige" verteilt, wobei unbequeme Wahrheiten konsequent ausgeblendet werden. Zu diesen Wahrheiten gehört, dass selten der lauteste Rufer derjenige ist, der die dringendste Hilfe braucht.

Statt jedoch zu hinterfragen, ob überhaupt Not vorliegt und wie groß diese ist, überbieten sich die Gutmenschen darin, stets einen anderen Verantwortlichen zu suchen als den Betroffenen selbst. Und auch ansonsten fließen die Geldströme immer an die gesellschaftlichen Gruppen mit dem größten „Erpressungspotential". Mächtige Lobbyisten gibt es nämlich nicht nur in der Wirtschaft. Jeder darf darauf hoffen, irgendwann in den Genuss einer auf seine spezielle Lebenssituation zugeschnittenen Wohltat zu gelangen. Der Wunsch, keine Interessengruppe zu verprellen, kommt im Koalitionsvertrag der neuen Bundesregierung zum Ausdruck, wobei Finanzierungsfragen angesichts von mehr als zwei Billionen Euro Staatsschulden immer weiter in den Hintergrund treten. Aufgrund der komplizierten Finanzierungsströme zwischen Bund, Ländern und Gemeinden sind diese auch immer schwieriger zu beantworten. Doch eine Politik, die es allen recht machen will, führt zu Stillstand.

Die deutsche Konsensgemeinschaft heutiger Tage hat aber noch ein ganz anderes Unheil über uns gebracht. Mit besonderem Eifer wird die aus Amerika importierte Political Correctness hierzulande gepflegt. Sie durchforstet unseren seit Generationen gepflegten Sprachschatz nach allem, was im Verdacht stehen könnte, vermeintlich die Gefühle eines der restlichen 7,2 Milliarden Menschen auf dem Erdball zu verletzen. Schleichend wirkt das Gift der Umerzieher, ihm ist aber der als Migrant wiedergeborene Ausländer ebenso bereits zum Opfer gefallen wie Zigeuner und Mohr. Auch Arbeitslose, Sozialhilfeempfänger und Angehörige unterer Gesellschaftsschichten erfreuen sich heutzutage wohlfeiler Korrektheit. Sie sind nun arbeitssuchend, heißen Kunden und stammen schlicht aus schwierigen sozialen Verhältnissen. An ihrer prekären Lebenssituation ändert dies freilich nichts.

Zum Glück hat es aber nicht jede Formulierung über den „Großen Teich" geschafft, manch absurdes Sprachprodukt blieb uns auf diese Weise erspart. Ebenso die ständigen Neuschöpfungen, die den immer gleichen Sachverhalt aufgrund einer fortgesetzt vermuteten Diskriminierung immer wieder neu umschreiben. Ein Beispiel hierfür ist die fortlaufend neue Bezeichnung für dunkelhäutige Menschen, die zunächst „Neger", dann ganz profan „Schwarze", später „Farbige" und schließlich „Afro-Amerikaner" heißen durften. Es lässt sich auch darüber streiten, ob Betroffene sich wirklich besser fühlen, wenn sie als „geistig herausgeforderte Person" betitelt werden, wie es die amerikanische „Sprachpolizei" vorschreibt. Für mich eröffnet diese Bezeichnung mehr Spielraum für Interpretationen und Diskriminierungen als das bewährte „geistig behindert". Die politisch Korrekten scheitern an ihrer eigenen Dogmatik, weil sich in fast jeder Redewendung und in weiten Teilen unseres Sprachgebrauchs etwas Anstößiges finden lässt, wenn man es nur darauf anlegt – wie sehr man sich auch um eine sprachliche Neutralisierung bemüht.

Der Siegeszug der „Political Correctness" in Amerika hat natürlich vor allem materielle Gründe. Zu leicht macht es das amerikanische Rechtssystem scheinbar Geschädigten, horrende Summen von vermeintlichen Tätern einzuklagen. Diesem Risiko möchte sich verständlicherweise niemand gerne aussetzen, schon gar nicht Unternehmen und Behörden. So baut jeder vor und verhält sich vorauseilend überkorrekt. Die globalisierte Welt gehorcht dem Diktat. Vergessen sind die Reaktionen deutscher Printmedien, die sich Anfang der 1990er Jahre der neuen Korrektheit widmeten. So prangerte die Süddeutsche Zeitung den „Sprach-Terror" an Amerikas Universitäten an, während der Spiegel in der „Political Correctness" einen wiederbelebten „Kampfbegriff" der schwarzen Bürgerrechtsbewegung sah. Bei den politisch Korrekten handele es sich um „eine Sprach- und Denkpolizei radikaler Minderheiten". Geholfen hat all dies nichts; nach zwei Jahrzehnten politischer Korrektheit im Politikbetrieb darf auch hierzulande das Kind nicht mehr beim Namen genannt werden. Es ist kein Zufall, dass Klartext nur noch jene wagen, die ihre (Partei-)Karrieren hinter sich haben und nichts mehr zu werden hoffen. Da mutet es fast schon verwegen an, wenn Bundespräsident Gauck den „Tugendfuror" geißelt.

So bunt treiben es inzwischen die politisch Überkorrekten mit der Vergewaltigung unserer Sprache, dass ich mich frage, wann wir wohl für männliche Pflegekräfte mit der Wortschöpfung „Krankenbruder" beglückt werden. Ganz ausgeschlossen scheint dies nicht, wenn man bedenkt, mit welchem Feuereifer jeder männlichen Bezeichnung ein weibliches Pendant zur Seite gestellt wird – und sei es nur durch ungelenke Anfügungen. Holprig wirkt auch das zum Standardrepertoire aller Politiker gehörende „Bürgerinnen und Bürger", das einzig dem Zweck dienen soll, das weibliche Geschlecht zu hofieren und zu eigenen Wählerinnen zu machen. Jahrzehntelang begnügte man sich mit Mitarbeitern, Mitgliedern oder Besuchern – und Frauen fühlten sich selbstverständlich ebenfalls angesprochen. Heutzutage sind ganze Heerscharen von Wissenschaftlern damit beschäftigt zu beweisen, dass die Verwendung der maskulinen Form Frauen in der Wahrnehmung zurücksetzt.

Doch es geht noch schlimmer: Der in den 1990er Jahren von einer übereifrigen Pädagogin erfundene und von den rot-grünen Weltverbesserern zu ihrer Regierungszeit in die öffentliche Wahrnehmung eingeführte Begriff „Migrant" steht wie kein anderer für eine außer Kontrolle geratene

Korrektheit. Was war so falsch an dem über Generationen hinweg geläufigen Sammelbegriff „Ausländer", der zwar die vielen Facetten von Zuwanderung und Einbürgerung unzureichend abbildete, aber doch von jedem verstanden wurde? Als Rechtfertigungsargument passt der Begriff der Migration den Gutmenschen jedoch bestens ins politische Konzept. Und hier schließt sich der Kreis. Man kann sich tatsächlich des Eindrucks nicht erwehren, dass gerade die eifrigsten selbsterklärten politisch Korrekten eine morbide Lust dabei verspüren, ihre Mitmenschen zu gängeln und zu bevormunden. Doch warum lassen wir sie gewähren? Ist der „Tugendfuror" gerechter als die von ihm angeprangerten Ungerechtigkeiten? So banal es klingen mag, Minderheitenschutz bedeutet nicht, dass alle anderen sich nach der Minderheit richten müssen, sondern dass sich Minderheiten frei entfalten können müssen.

Wir selbst haben es in der Hand, zu einer Gesellschaft zu kommen, die Maß und Mitte wiederfindet. Dazu gehört die Stärkung der Eigenverantwortung des Menschen ebenso, wie der Glaube daran, dass wir miteinander Lösungen im Zusammenleben finden können, ohne dass eine staatliche Aufsicht alles Handeln reglementiert. Dies gilt im Jahr der Europawahl erst recht auf europäischer Ebene. Wir werden heute von EU-Kommission, ESM und EZB regiert – ohne Legitimation durch demokratische Wahlen. Doch der Verlust der nationalen Handlungsfähigkeit gefährdet nicht nur den gesellschaftlichen Zusammenhalt, er schadet vor allem der Demokratie. Wollen wir das friedliche und wirtschaftlich erfolgreiche Miteinander in Europa nicht aufs Spiel setzen, muss die Stärkung staatlicher Souveränität wieder das politische Handeln bestimmen, nicht der Wunsch nach Schaffung eines europäischen Imperiums. Größenwahn hat noch jedes Vorhaben am Ende zum Scheitern gebracht.

Vielleicht tragen die vielen kleinen Geschichten in diesem Buch dazu bei, dass künftig nicht mehr jeder Ideologe, Bevormunder und Umerzieher so leichtes Spiel hat. Tauchen Sie mit mir ein in die gar nicht so undurchschaubare Welt der offensichtlichen und weniger offensichtlichen Gegner der Freiheit. Lernen Sie Menschen kennen, die sich einen zweifelhaften Namen gemacht haben, ob als Systemgünstling, als oberste Moralinstanz oder als selbsterklärter Hüter der Deutungshoheit. Ein Jahr lang habe ich beobachtet, analysiert und kommentiert. Woche für Woche, insgesamt zweiundfünfzig Mal, habe ich den „Klodeckel des Tages" für einen ganz besonderen Fehltritt vergeben. Manchmal mit einem Augenzwinkern, manchmal aber auch voller Wut, immer jedoch voller Überzeugung. Entstanden ist die Chronik einer Gesellschaft auf dem Irrweg. Doch es ist niemals zu spät zur Umkehr. Die Hoffnung lebt weiter!

Wie die Kirche die Welt vor Schwulen und Frauen schützt

Der erste „Klodeckel" in diesem Jahr geht an die anglikanische Kirche in England. Diese verkündete zum Wochenende die Zulassung homosexueller Priester zur Bischofsweihe. Doch nicht für diesen lobenswerten Akt der Gleichstellung wird ihr die zweifelhafte Ehrung zuteil, sondern dafür, dass sie gleichzeitig klarstellte, schwule Priester nur dann zum Bischof zu weihen, wenn diese hoch und heilig versprechen, fortan völlig enthaltsam zu leben. Deren heterosexuelle Kollegen dürfen dagegen sehr wohl weiterhin ihren fleischlichen Gelüsten nachgehen. Über den Sinn eines Zölibatsgelübdes kann man ohnehin streiten, doch warum es nur von gleichgeschlechtlich orientierten Bischofsanwärtern eingefordert wird, lässt sich wohl kaum nachvollziehbar begründen. Vermutlich ist dieser Umstand der Sorge geschuldet, die künftigen Bischöfe könnten sich an ihren Messdienern vergehen – und so weit hergeholt ist das angesichts der hinlänglich bekannten Vorfälle ja nun auch wieder nicht.

Doch dürfte das Zölibatsversprechen im Zweifel herzlich wenig dazu beitragen, den krankhaften Trieb des Kindesmissbrauchs zu unterdrücken, was übrigens gleichermaßen für heterosexuelle Kirchenmänner gilt. Homosexuelle unter Generalverdacht zu stellen, ist jedenfalls wenig christlich und zeigt, dass auch die anglikanische Kirche – trotz ihres meilenweiten Vorsprungs gegenüber dem Vatikan – noch immer nicht im 21. Jahrhundert angekommen ist. Die unvermeidlichen Gutmenschen wären, assistiert von den aufgebrachten Medien, längst auf die Barrikaden gegangen, würde man die unter Artenschutz stehenden Migranten und die sich besonderer Fürsorge erfreuenden „sozial Benachteiligten" in solcher Form stigmatisieren. Übertrüge man die eigenwillige Logik der anglikanischen Kirche auf andere Berufsgruppen, bedeutete dies etwa für Mediziner, dass dem Frauenarzt grundsätzlich sexuelles Verlangen als Motiv für die Behandlung seiner Patientinnen und dem Kinderarzt eine pädophile Neigung unterstellt werden müsste. Hier zeigt sich die Absurdität der Annahme, Männer hätten ihre Libido nicht im Griff, nur weil sie nicht mit Frauen ins Bett gehen. Recht albern, oder?

So bleibt der an sich bemerkenswerte kirchliche Vorstoß in die Moderne doch nur Stückwerk und gibt eher denen Auftrieb, die Homosexuelle seit jeher für ungeeignet halten, höchste Kirchenämter zu bekleiden. Und auch Frauen hält die Mehrzahl der evangelischen Geistlichen in England für ungeeignet. Dass etwa dem weiblichen Geschlecht die Bischofsweihe zuteilwerden könnte, ist nach dem Abstimmungsergebnis des vergangenen Herbstes bis auf weiteres ausgeschlossen. Erst im November 2012 hatte die Generalsynode der anglikanischen Kirche einen entsprechenden Antrag abgelehnt. So muss sie sich immerhin nicht mit dem Problem befassen, wie sie es mit Lesben hält. Vor der Klärung einer delikaten Frage wird sie sich aber nicht drücken können: Was ist eigentlich mit bisexuellen Bischofsanwärtern? Fallen diese unter das Zölibat, oder nimmt man zu ihren Gunsten an, dass ihr Appetit auf Frauen die Oberhand behält? Der Teufel steckt wie immer im Detail…

(Klodeckel des Tages vom 6. Januar 2013)

Wowi & Friends: Das Milliarden-Desaster von Berlin

Dass jemand derart ungeniert Schulden machen und dies auch noch sexy finden kann, treibt einem die Zornesröte ins Gesicht. Es wäre schlimm genug, wenn seine Berliner dafür allein bezahlen müssten. Dann hätten sie ihn wohl längst schon aus dem Land gejagt. Doch Klaus Wowereit (SPD) ist trotz rapide sinkender Zustimmung und verlorenem Abgeordnetenmandat auch nach mehr als elf Jahren im Amt immer noch Regierender Bürgermeister. Grund ist der Länderfinanzausgleich. Dieser hat Berlin, das noch nie einen Pfennig oder gar Cent eingezahlt hat, seit 1995 umgerechnet fast 40 Milliarden Euro beschert. Inflationsbereinigt liegt dieser Betrag noch deutlich höher. Da hat „Wowi" gut Lachen, und seinem Wahlvolk kann es völlig egal sein, wie viel Geld er und seine Mitstreiter noch verbrennen. Deutschlands oberster Schuldenmacher erhält den „Klodeckel des Tages" für seine absolut filmreife Leistung als Aufsichtsratsvorsitzender des Berliner Willy-Brandt-Flughafens, dessen Eröffnung in den Sternen steht. Der Film, bei dem man sich Dieter Wedel als Regisseur vorstellen könnte, wäre wohl ein Wirtschaftskrimi über Vetternwirtschaft, Missmanagement und den Missbrauch politischer Macht.

Seinen Aufsichtsratsposten hat Wowereit unter dem Druck der Öffentlichkeit inzwischen niedergelegt, doch war nicht zu erwarten, dass er auch über den am Samstagvormittag zur Abstimmung stehenden Misstrauensantrag stürzt. Fest geschlossen waren die Reihen der 85 Koalitionsmitglieder im Berliner Senat, die natürlich ihre politischen Pfründe nicht aufs Spiel setzten wollten. Stattdessen opfert man

Rainer Schwarz, den Chef des Flughafens, was angesichts eines katastrophalen Versagens überfällig erscheint. Es hat jedoch ein gewisses „Geschmäckle", dass der Aufsichtsrat dessen Vertrag Mitte 2011 um satte fünf Jahre verlängerte, obwohl sich schon damals Panne an Panne reihte. „Wowi & Friends" retteten Schwarz seinerzeit nicht nur den Job, sondern bescheren ihm nun eine obszön hohe Abfindung von rund 1,8 Mio. Euro.

Bezahlen müssen dies die Länder Berlin und Brandenburg sowie – zu mehr als einem Viertel – die bundesdeutschen Steuerzahler. Es ist überdies grotesk, dass Wowereit-Spezi und SPD-Parteigenosse Platzeck, nun das Kommando im Aufsichtsrat übernehmen soll. Der bisherige Stellvertreter trägt nicht weniger Schuld an der schon viermal verschobenen Flughafeneröffnung und einer Serie immer kostspieligerer Nachbesserungen. Das völlig außer Kontrolle geratene Bauprojekt belegt einmal mehr, wie wenig sich Berufspolitiker um Finanzmittel scheren, die sie treuhänderisch verwalten. Erst, wenn die Misswirtschaft auch für die politischen Handlungsträger im eigenen Geldbeutel spürbar wird, besteht die Hoffnung, dass irgendwann einmal umsichtig und schonend mit den Steuermilliarden umgegangen wird. Wir brauchen daher dringend eine gesetzliche Handhabe, mit der wir die Verschwender von Steuergeldern auch persönlich in die Haftung nehmen können!

(Klodeckel des Tages vom 13. Januar 2013)

Verlags-Zensur: Die Moralpolizei marschiert ins Kinderzimmer ein

Als Autor möchte man es sich ja nicht unbedingt mit den Verlagen verderben, doch das Stück, das Verleger Klaus Willberg vom Stuttgarter Thienemann-Verlag gerade aufführt, verdient einfach den „Klodeckel des Tages". Man fragt sich besorgt, in welche Abgründe uns die alles ertränkende politische Korrektheit wohl noch führen wird. Die Welle, die von Amerika vor zwei Jahrzehnten zunächst fast unbemerkt, dann aber immer heftiger zu uns nach Deutschland herüber schwappte, verschlimmbessert allzu oft, was gar keiner Korrektur bedurfte. Willberg ist wild entschlossen, die in seinem Verlag erschienenen Kinderbücher einer sprachlichen Säuberung zu unterziehen. „Nur so bleiben sie zeitlos", so der Verleger. Gemeint ist wohl: „Nur so erziehen wir die Kinder so, wie ich es will!" Nichts soll die zarten Seelen der jungen Leser in Mitleidenschaft ziehen, die nach Willbergs Überzeugung durch die Lektüre politisch unkorrekter Bücher dauerhaft Schaden nehmen könnten. Nicht auszudenken, wenn er und sein Verlag am Ende gar Schuld wären am Heranwachsen einer ganzen Generation von Rassisten, weil in einem der angebotenen Bücher von „Negerlein" die Rede ist.

Das muss verhindert werden, und zwar mit der üblichen deutschen Gründlichkeit, die im Schwabenland seit jeher ihre eifrigsten Verfechter findet. Da kennen die Erfinder der Kehrwoche kein Pardon! Und gekehrt wird auch bei Willberg mit Feuereifer. Er setzt sich an die Spitze einer Armee von Umerziehern, die in Deutschland seit Jahren unerbittlich alle Lebensbereiche durchkämmen. Da nur sie wissen, was gut ist für die Menschen, darf auch nur ihre

Ideologie am Ende überleben. Für Sachargumente bleibt da kein Platz und man fühlt sich irgendwie unangenehm an Sekten erinnert. Nun ist Willberg nicht der erste Verleger, der Bücher zensiert, doch ist der aktuelle Vorgang so spektakulär, weil er einen der populärsten deutschen Kinderbuchautoren betrifft: Ottfried Preußler konnte sich lange dem Ansinnen widersetzen, ist aber mit 89 Jahren nicht mehr in der Lage, dem Einmarsch der Besserwisser standzuhalten. So kann er nicht verhindern, dass seine Klassiker „Die kleine Hexe" oder „Räuber Hotzenplotz" Opfer der „sprachlichen Weiterentwicklung" werden, wie Willberg es verharmlosend formuliert.

Schon vor Jahren hatte ein Hamburger Verlag der guten alten „Pippi Langstrumpf" ihre „Neger" und „Zigeuner" ausgetrieben, weil es für die Welt angeblich besser sei, derartige Worte nicht mehr auf Papier zu drucken. Man darf gespannt sein, wann sich die Weltverbesserer nicht mehr nur mit der Beschneidung zeitgenössischer Autoren zufriedengeben, sondern auch Goethe, Schiller und Brecht bis zur Unkenntlichkeit verstümmeln. Die passende Antwort hat Spiegel-Kolumnist Jan Fleischhauer, der angesichts so viel Gutmenschentums zu einem vernichtenden Urteil kommt: „Es ist die vorauseilende Entschuldigungsbereitschaft, die das politische Lektorat vom Ernsthaften ins Lächerliche führt." Dem ist nichts hinzuzufügen.

(Klodeckel des Tages vom 20. Januar 2013)

Sinkender Stern: Des Menschen Wille ist sein Himmelreich

Widerlichster Gossen-Journalismus begleitete uns durch diese Woche. Im Mittelpunkt scharfer Kritik stand dabei die unbekannte „Stern"-Reporterin Laura Himmelreich, die wohl hoffte, mit der Inszenierung eines Skandals für einen Moment aus ihrer Bedeutungslosigkeit hervortreten zu können. Für ihre durchsichtige und allzu plump aufgeführte Schmierenkomödie erhält sie den „Klodeckel des Tages". Viel lieber hätte die scheinbar von tief sitzendem ideologischen Groll auf politisch Andersdenkende zerfressene Schreibkraft den frisch gekürten Spitzenkandidaten der FDP für die Bundestagswahl, Rainer Brüderle, auf der Anklagebank gesehen, um ihrem wieder erstarkten Feindbild FDP und dessen Protagonisten so richtig einen mitzugeben. Das ging mächtig nach hinten los. Der „Stern" war es übrigens auch, der gerade einmal vor zwei Monaten mit einer grottenschlecht recherchierten und im Anschluss von höchster Stelle der Bundestagsverwaltung zurückgewiesenen Story versucht hatte, der FDP einen Verstoß gegen das Parteiengesetz anzudichten.

Kleinlaut musste sich das Magazin seinerzeit den Fakten beugen und hat hoffentlich die zuständigen Journalisten intern dazu verdonnert, ein paar Vorlesungsstunden BWL zu besuchen, um von einfachsten Bilanzierungsvorschriften zumindest einmal gehört zu haben. Das könnte bei künftigen Wirtschaftsartikeln so manche Peinlichkeit ersparen. Aber zurück zu Frau Himmelreich. Diese ließ keine Zeit verstreichen, um unmittelbar nach der Kür Rainer Brüderles zum Spitzenmann für die Bundestagswahl mit einer Geschichte an die Öffentlichkeit zu gehen, die sich vor einem Jahr abgespielt haben soll. Dabei geht es um die angebliche Belästigung durch Herrn Brüderle bei einem lockeren inoffiziellen Plausch an einer Hotelbar. Eine zotige Bemerkung soll sie damals aus dem seelischen Gleichgewicht gebracht haben, doch Frau Himmelreich hat es offensichtlich irgendwie geschafft, im vergangenen Jahr mit dem für sie ach so traumatischen Erlebnis klarzukommen. Umso unverständlicher, dass sie damit nun an die Öffentlichkeit drängte.

Die nachgereichte Begründung war von erschreckender Klarheit: Sie habe es jetzt getan, weil Rainer Brüderle vor einem Jahr nicht bedeutend genug gewesen sei, gab sie im Deutschlandfunk sinngemäß zu Protokoll. Welches Berufsverständnis liegt dem Wunsch zugrunde, missliebige Politiker in dem Moment zu kompromittieren, in dem man hofft, ihnen den größten Schaden zufügen zu können? Wie tief ist der „Stern" schon gesunken? Es ist ein offenes Geheimnis, dass viele Journalisten über nahezu jede in der Öffentlichkeit stehende Person Dinge in der Schublade haben, die in der Regel auch dort bleiben. So ist das ungeschriebene Gesetz der Branche. Man kann das gut finden, oder nicht. Fakt ist: Der „Fall Himmelreich" ist in seiner Heimtücke ein echter Tabubruch und steht exemplarisch für eine Presse, die sich mit der zunehmenden Hinwendung zum Boulevard verzweifelt erodierenden Auflagen und einem schleichenden Bedeutungsverlust entgegenzustellen versucht. Auflage geht oft vor Anstand und Quote vor Qualität. Sieht so der „öffentliche Auftrag" der Presse aus?

(Klodeckel des Tages vom 27. Januar 2013)

Das ist link(s): Wenn Neid und Missgunst das Zepter schwingen

Katja Kipping, charmante Co-Vorsitzende der skurrilen Linkspartei, braucht Platz im Regal. Sie hat ihn nämlich schon, drängt sich aber erneut für den „Klodeckel des Tages" auf. Kurz nach der Übernahme des Parteivorsitzes im vergangenen Sommer forderte sie, Top-Verdienern jeden Cent abzunehmen, der den Betrag von 40.000 Euro brutto im Monat übersteigt. Dieser Vorschlag sollte nach Zeitungsberichten nunmehr Eingang ins Programm der Linken für die Bundestagswahl finden. Schnell wurde er allerdings am Folgetag wieder kassiert, nachdem das Echo ziemlich unvorteilhaft war. Offenbar fehlte es parteiintern einmal mehr an der Abstimmung zwischen „Linke-West" und „Linke-Ost": Hier die vom Neid Zerfressenen, da die selbsterklärten Systemverlierer. Nicht, dass man nachvollziehen könnte, warum jemand für seine Tätigkeit 500.000 Euro oder mehr pro Jahr einstreichen sollte. Die in manchen Branchen und Hierarchiestufen ausgeuferten Gehälter sind tatsächlich infam.

Doch die Kernaussage des vom Co-Vorsitzenden Bernd Riexinger als „Umverteilungswahlkampf" titulierten Programms ist in vielerlei Hinsicht nicht mehr als Populismus, um dem schleichenden Tod doch noch irgendwie zu entrinnen. Da hilft es auch nicht, die eilig relativierte Enteignungsmaßnahme als „Demokratiesteuer" legitimieren zu wollen. Selbst wenn man die rechtlichen Aspekte ignorieren und für einen Moment annehmen würde, man könne Vertragspartnern vorschreiben, welche Entlohnung sie maximal vereinbaren dürfen, verkennt die Linkspartei die Realität, wenn sie glaubt, Deutschland sei eine Insel. Was schon der Blick auf die Landkarte verrät, wird noch deutlicher, wenn man sich die Vernetzung der Welt vor Augen führt. Die Globalisierung kann man verteufeln, aber nicht wegbesteuern. Zwar ist die Diagnose durchaus zutreffend, dass unserer Gesellschaft (auch durch radikale Parteien wie die Ex-SED) eine immer größere Spaltung droht, doch ist linke Klassenkampfideologie genau das falsche Rezept, um sich näher zu kommen.

Und das aktuelle Beispiel Frankreich zeigt, in welch kurzer Zeit linker Radikalismus einen Staat in Bedrängnis bringen kann. Große Steuerzahler verlassen das Land, die Industrieproduktion wird immer weiter zurückgefahren und die Rezession hat sich verschärft. Unter den europäischen Nationen entwickelt sich derzeit nur Griechenland wirtschaftlich katastrophaler. „Soziale Aufgaben und Zukunftsinvestitionen" will die Linkspartei mit dem über die Steuer einbehaltenen Geld finanzieren. Was das bedeutet, hat sie uns in der Vergangenheit auch schon verraten: Insbesondere soll dann jeder Bürger (je nachdem, wen man in der Linkspartei dazu befragt) bis zu 1.000 Euro im Monat geschenkt bekommen. Deutschland würde zur leistungsfreien Zone, die bald mit den Negativwerten der Krisenländer konkurrieren könnte. So kennen wir es aus dem SED-Regime: Jedem soll es gleich gehen, vor allem eben gleich schlecht. Aber Moment, selbst in der DDR lebten doch einige in Saus und Braus! Richtig: Das waren die Parteikader.

(Klodeckel des Tages vom 3. Februar 2013)

Von der Inquisition, angeblich Verfolgten und wirklichen Opfern

Die katholische Kirche sieht sich derzeit besonderer Kritik ausgesetzt, und mir bereitet es keine Freude, auf ihr auch noch herumzuhacken. Ehrlich nicht. Aber wenn sich einer ihrer ranghöchsten Vertreter zu solch abenteuerlichen Vergleichen hinreißen lässt, kann dies nicht unwidersprochen bleiben. Mit seiner üblen Holocaust-Parallele hat der Regensburger Bischof Gerhard Ludwig Müller, seit dem vergangenen Sommer auch Präfekt der vatikanischen Glaubenskongregation, Grenzen überschritten – und sich damit den „Klodeckel des Tages" verdient. Müller gab unlängst zu Protokoll, er fühle sich „an eine Pogromstimmung erinnert". Unmissverständlich verglich er die aktuelle Situation mit der systematischen Verfolgung der Juden im III. Reich. Eine die Opfer derart verhöhnende Tatsachenverdrehung haben sich seit dem Ende der Naziherrschaft hierzulande nur wenige erlaubt – und sind selten ungestraft geblieben.

Aber der Kirche verzeiht man das offensichtlich, Religion darf offenbar alles. Dabei ist die Negativstimmung keine Hetzjagd, sondern die Folge etlicher Missbrauchsskandale, einem fragwürdigen Umgang mit den eigenen Angestellten und der grundsätzlichen Haltung der katholischen Kirche zu drängenden gesellschaftlichen Fragen. Besonders schwer wiegen Bischof Müllers Worte angesichts seiner besonderen Rolle in der Kirche: Er ist – um im Bild zu bleiben – der Propagandaminister des Vatikan. Die von ihm geleitete „Kongregation für die Glaubenslehre", wie sie hochoffiziell heißt, ist dafür zuständig, die römisch-katholische Kirche vor jeder Form von Aufweichung der von ihr verbreiteten Dogmen zu schützen. Sie ist direkt aus der „Kongregation der römischen und allgemeinen Inquisition" hervorgegangen, die im späten Mittelalter auf grausamste Weise wütete: Wer sich den „Wahrheiten" der Kirche nicht beugte, wurde brutal gefoltert und ermordet.

In Anbetracht dieser Tatsachen ist es grotesk, wie dünnhäutig der amtierende Präfekt jener Glaubenskongregation, aber auch viele andere Vertreter der katholischen Kirche, allen voran der Kölner Erzbischof Joachim Kardinal Meisner kontern. Sie wollen „eine künstlich erzeugte Wut" (O-Ton Müller) und sogar eine „Katholikenphobie" (O-Ton Meisner) ausgemacht haben. Anstatt sich ihrer Verantwortung für vergangene Verbrechen und aktuelle Vergehen zu stellen, flüchtet sich die katholische Kirche in die Opferrolle. Dass ihr immer offener harsche Kritik für ihr unverhohlen frauenfeindliches Weltbild und die weitgehende Diskriminierung nicht nur Andersgläubiger, sondern vor allem -denkender entgegenschlägt, legen ihre prominenten deutschen Vertreter konsequent als Blasphemie aus, die sie sich beleidigt verbitten. Wie weltfremd und verbohrt muss man wohl sein, um die Realität derart umzudeuten? Im 21. Jahrhundert ist die katholische Kirche nie angekommen. Ob sie es jemals schafft, wird vermutlich kaum einer von uns erleben. Vielleicht ist es auch besser so.

(Klodeckel des Tages vom 10. Februar 2013)

„*Sitzenbleiben, nein danke!*": Schule als Beschäftigungstherapie

Aua, das tut echt weh! Der nunmehr besiegelte Koalitionsvertrag der rot-grünen Landesregierung in Niedersachsen grenzt an Körperverletzung. Dafür gibt's heute den „Klodeckel des Tages". Großen Raum nimmt dabei das ausdrückliche Vorhaben ein, über den Bundesrat eine Fülle von Steuererhöhungen durchzusetzen, die dann nicht mehr nur die Menschen zwischen Heide und Harz, sondern – im Falle des Gelingens – ganz Deutschland betreffen würden. So sieht gelebte Ideologie aus! Besonders schmerzhaft ist aber die Vorstellung, dass „rot-grün" den abenteuerlichen Plan in die Tat umsetzen könnte, das „Sitzenbleiben" in Niedersachsens Schulen abzuschaffen. Und hier brauchen die Gleichmacher aus Hannover keine Verbündeten, denn Kultusangelegenheiten sind Ländersache. So muss künftig dann also kein Schüler mehr befürchten, dass ihn die Schule allzu sehr in seinen Freizeitaktivitäten einengt, ist es doch gleichgültig, wie gut die Teilnahme am Unterricht ist oder gar Prüfungen gemeistert werden.

Das „wahre Leben" kommt früh genug – und die Betriebe dürfen mehr denn je ausbaden, dass vielen Schulabgängern nicht mehr nur jedes Verständnis für die Grundrechenarten oder die Grundzüge der Orthografie fehlt, sondern darüber hinaus auch Wille und Fähigkeit zu leistungsorientiertem Arbeiten. Besonders hart dürfte es Abiturienten treffen, die – wie es heute schon gute Sitte ist – mit einem dicken Malus in die NC-Schlacht um die Studienplätze ziehen. Aber mit Gymnasien hat es „rot-grün" ja ohnehin nicht so, der „elitäre Quatsch" wird in Niedersachsen womöglich als Nächstes auf den Prüfstand kommen. Denkt man das Ganze konsequent zu Ende, fragt man sich, warum „rot-grün" die Noten nicht gleich auch noch abschafft. Oder die Lehrer. Oder am besten auf Schulen ganz verzichtet. Sinnvoll wäre sicher auch, über die Abschaffung von Verkehrsregeln nachzudenken, die häufig genug doch eher hinderlich sind und dem, der von rechts kommt, einen unlauteren Vorteil verschaffen.

Es ist wirklich eine Schande, dass im ehemaligen Land der Dichter und Denker das während Jahrzehnten durch sozialalternative Attentate abgesenkte Bildungsniveau nun also zu Grabe getragen werden soll. Nach eigenem Bekunden möchte „rot-grün" mit dem Vorstoß der Stigmatisierung von „Sitzenbleibern" entgegentreten. Man sorgt sich um das Seelenheil der Heranwachsenden, wenngleich Generationen von Schulabgängern den empirischen Gegenbeweis geliefert haben. Glaubhafter ist da schon das Eingeständnis, dass das Wiederholen einer Schulklasse zu teuer sei. Vielleicht steckt aber auch noch etwas ganz anderes dahinter: Immerhin haben sich die Elitenjäger im Koalitionsvertrag auch der Absenkung des Wahlalters bei Landtagswahlen auf 16 Jahre verschrieben. Und wenn man weiß, dass Ideologien bei ungebildeten jungen Menschen auf besonders fruchtbaren Boden fallen, könnte man auf Ideen kommen…

(Klodeckel des Tages vom 17. Februar 2013)

Absatzmarkt Tafel: Pferdefleisch und andere Delikatessen

Der CDU-Bundestagsabgeordnete Hartwig Fischer erhält den „Klodeckel des Tages". Er hatte angeregt, die aus dem Handel genommenen Lebensmittel, in denen Spuren von Pferdefleisch enthalten sein könnten, den Tafeln für Bedürftige zur Verfügung zu stellen. Doch nicht dafür kann er sich nun mit einem Klodeckel schmücken, sondern weil er den durchaus diskutablen Vorschlag derart ungeschickt kommunizierte, dass die Chance auf eine Grundsatzdebatte über die missbräuchliche Nutzung der Tafeln durch den Einzelhandel vertan worden ist. Natürlich soll für Bedürftige gelten, was für alle Menschen gilt: Auch verschenkte Lebensmittel müssen gesundheitlich unbedenklich sein. Diesen Anspruch erfüllen die in Deutschland geltenden hohen Standards, wenngleich es Kriminellen, wie in allen Lebensbereichen, immer wieder gelingt, Kontrollen zu unterlaufen. In der aktuellen Diskussion ist aber festzuhalten, dass es sich nicht um einen „Pferdefleischskandal" handelt, sondern um eine Falschetikettierung – ein Begriff, der sich jedoch weitaus schlechter vermarkten lässt.

Begeben wir uns für einen Moment auf die auflagenschädliche Sachebene, so gibt es am Verzehr von Pferdefleisch überhaupt nichts auszusetzen. Dieses ist ganz im Gegenteil nahrhaft, fettarm und zart – und bildet die Grundlage des beliebten Rheinischen Sauerbratens. Dass Menschen die Vorstellung, Black Beauty auf ihrem Teller vorzufinden, ebenso unglücklich macht, wie der Gedanke, Flipper könnte vor seiner Zeit den Weg in die Dose gefunden haben, ist ein ganz anderes Problem, dem mit Sachargumenten nicht beizukommen ist. Fischers Äußerungen provozierten einen

Chor der Empörten, der sogleich die Würde der Bedürftigen verletzt sah und sich zum Anwalt von 1,5 Millionen Tafelgästen machte. Von „respektlos" über „menschenunwürdig" bis „zynisch" war kein Attribut vernichtend genug. Dabei beriefen sich die Hilfsorganisationen – und die Linkspartei, die mal ein Thema für ihre Klientel aufgreifen konnte – auf die Vermutung, das verarbeitete Pferdefleisch könnte Medikamentenrückstände enthalten. Mit der exakt gleichen Begründung könnte man den Verzehr von Fleisch grundsätzlich verbieten, aber auch den von Bio-Gemüse, in dem regelmäßig erhöhte Pestizid-Werte und eine Reihe anderer schädlicher Substanzen nachgewiesen werden.

Die große Aufregung dient also eher dazu, im Wahljahr mit Getöse jene Wählerschicht zu mobilisieren, die auch der Überzeugung ist, dass der Staat viel mehr für anstrengungslosen Wohlstand tun müsse und ohnehin niemand für sein eigenes Scheitern verantwortlich ist. Mit etwas Kommunikationsgeschick hätte es Fischer gelingen können, ein wirklich wichtiges Thema in die Öffentlichkeit zu tragen: Der eigentliche Zweck der Tafeln wird nämlich längst pervertiert, weil der Handel hier einen Absatzkanal für die vorab kalkulierte Zweitverwertung unverkäuflicher Überproduktionen entdeckt hat. Die Handelsriesen können sich durch die Abschreibungsregeln so über eine Steuerersparnis freuen, die umso höher ausfällt, je häufiger sie schwer verkäufliche Delikatessen an die Tafeln abgeben: feine Oliven im Glas, Schokoladen-Mousse mit echtem Rum oder Edel-Lachs in Dillsauce. Der Absatz stimmt und der Steuerzahler übernimmt die Rechnung. Das, liebe Bessermenschen der Hilfsorganisationen, ist der Skandal, der Euch bewegen sollte.

(Klodeckel des Tages vom 24. Februar 2013)

Umerzieher am Werk: Die Gefahr der neuen „Tugendhaftigkeit"

Für alle mit zu tiefem Blutdruck gab es in dieser Woche bei der Nachrichten-Lektüre wieder reichlich Gelegenheit, den Kreislauf auch ohne ärztliche Hilfe in Schwung zu bringen. Zu den größten medialen Aufregern zählte zwar Peer Steinbrücks gewohnt herzhafte Kommentierung der Wahlen in Italien, doch ließen auch die Grünen wieder Millionen von Halsschlagadern anschwellen. Die „Partei der 100 Verbote" machte erneut unmissverständlich klar, dass sie im Fall einer Regierungsübernahme ein striktes Tempolimit einführen werde – maximal 30 km/h in geschlossenen Ortschaften, höchsten 120 km/h auf Autobahnen. Dabei gerierte sich ausgerechnet die abgebrochene Theologie-Studentin Katrin Göring-Eckardt als Expertin für Chaosforschung: Angeblich fließt der Verkehr bei diesen Höchstgeschwindigkeiten am besten. Keine Begründung scheint abenteuerlich genug, wenn es darum geht, der Gesellschaft die eigene Ideologie aufzuzwingen.

Ideologen bestimmen unsere Welt. Wir sollten sie gut im Auge behalten. Wachsam sollten wir daher auch mit Blick auf eine Organisation sein, die sich mit einem ebenso grotesken wie erschreckenden Vorschlag zu Wort gemeldet hat und sich damit den „Klodeckel des Tages" sichert. Die sogenannte Nationale Armutskonferenz – ein Zusammenschluss der Repräsentanten all jener Gutmenschenorganisationen, die das öffentliche Leben im Würgegriff halten – trieb die bereits vor Wochen von mir „prämierte" Säuberungsaktion eines Verlages mit Forderungen auf die Spitze, die deutschen Sprache von „sozialen Unwörtern" zu befreien. Auf dem Weg zur Errichtung ihrer Sprachdiktatur hat das Bündnis eine Sammlung von 23 „irreführenden, abwertenden oder diskriminierenden" Begriffen erstellt, die aus dem Sprachschatz zu tilgen seien. Der 1. April ist noch fern, und doch hofft man auf einen verfrühten Aprilscherz, weil die Vorstellung, das Vorhaben könne auch nur im Ansatz auf fruchtbaren Boden fallen, böse Erinnerungen weckt. Perfide ist, dass hier mit der Diskriminierungskeule jedweder Kritik der Wind aus den Segeln genommen werden soll, doch vergessen wir nicht: Der Teufel ist am teuflischsten im ehrbaren Gewand.

Es ist nicht das erste Mal, dass ich die scheinbar gut meinenden Verfechter der Political Correctness anprangere, doch selten ging ein Vorstoß der Bessermenschen so weit und war derart von Unterdrückung, Zensur und Radikalität geprägt. Nach Ansicht der Sprachwächter sind selbst die Attribute „arbeitslos", „alleinerziehend" oder „bildungsfern" problematisch, obwohl sie ebenso treffliche Zustandsbeschreibungen sind wie „schwanger", „verheiratet" oder „pitschnass". Und sogar der von ihnen selbst eingeführte „Migrationshintergrund" ist den Gutmenschen nicht mehr gut genug. Denn, so beklagt sich NAK-Sprecher Thomas Beyer (SPD), „Sprache ist nicht neutral, Sprache bewertet". Genau, Herr Beyer! Dazu ist Sprache da: Um dem Einzelnen vielfältige Möglichkeiten an die Hand zu geben, sich in seinen eigenen Worten zu artikulieren und die Welt subjektiv zu beschreiben. Und da liegt das Problem: Mit dem Anspruch der einzigen Wahrhaftigkeit wird stattdessen die Entrechtung des Individuums, die Gleichschaltung der Sprache und die Ausschaltung des Pluralismus voran getrieben – fehlt nur noch die Bücherverbrennung…

(Klodeckel des Tages vom 3. März 2013)

Ärger mit der „falschen Braut": Ein Fehltritt mit Folgen

Es soll ja hier nicht immer nur bitterernst zugehen. Und da uns die große Politik eher selten ein Lächeln ins Gesicht zu zaubern vermag, geht der „Klodeckel" heute mal an ein Pferd. Der international mit etlichen Lorbeeren versehene Hengst Totilas, eine der größten Dressur-Entdeckungen des letzten Jahrzehnts, hat sich bei einem erst jetzt bekannt gewordenen Missgeschick, das sich zu Jahresbeginn ereignete, offenkundig nicht unerheblich verletzt. Dies wäre an sich keine wirklich außergewöhnliche Meldung. Doch der eigenwillige Niederländische Warmblüter hat sich seine Verletzung nicht beim Training oder im Wettkampf zugezogen, sondern bei außersportlichen Aktivitäten. Und ob er so bald wieder Lust darauf hat, bleibt abzuwarten. Dabei hat der Hengst ohnehin ein alles andere als gutes Jahr hinter sich. Sein großer Olympia-Traum platzte 2012, weil sein Reiter erkrankte. Und kurz vor Jahresende flog das üppig dekorierte Pferd gar aus dem Kader der deutschen Dressur-Nationalmannschaft.

Die Pechsträhne setzte sich 2013 ungebremst fort, als der zunächst gewohnt spritzig wirkende Totilas, ein begehrter Deckhengst, im Januar bei der Produktion von Tiefgefriersperma plötzlich lahmte. Beim Bespringen eines als Stutenattrappe dienenden Lederbocks hatte es Totilas so wild getrieben, dass er sich das Knie überdehnte. An Sport ist seither nicht zu denken, und langsam wachsen die Sorgenfalten bei seinen Besitzern. Pferd ist Geld – und der sündhaft teure Totilas hat im Verlaufe des zurückliegenden Jahres nicht viel davon eingeritten – zumindest nicht im Parcours. Zwar lässt sich auch mit dem Sexualtrieb des

Tieres gutes Geld verdienen, doch wurde in der Vergangenheit wiederholt der Vorwurf laut, der unentwegte Einsatz als Deckhengst beeinträchtige dessen Turnierleistungen in der Dressur. Deshalb hatte die Eigentümergruppe entschieden, dem potenten Samenspender das zweifelhafte Bockspringvergnügen nur noch in den Wintermonaten zu gönnen. Offenbar hatte sich in der langen Zeit der Enthaltsamkeit aber so einiges aufgestaut beim stattlichen Hengst und die Gäule gingen mit ihm durch.

Nun wird er sich also eine ganze Weile schonen müssen. Rhythmische Bewegungen sind tabu – sowohl im Dressurviereck, als auch am Lederbock. Das dürfte auch die eifrigen Tierschützer freuen, die ganz genau hingeschaut hatten. Angesichts einer angeblich auffälligen Kopfhaltung des Pferdes beim sogenannten Abreiten hatten sie Strafanzeige wegen Tierquälerei gestellt. Die Staatsanwaltschaft schickte Gutachter zum Hof, sah sich bisher aber zu keinen weiteren Schritten veranlasst. Dabei kann man durchaus zu der Einschätzung kommen, dass Dressurreiten weniger die Perfektionierung des natürlichen Bewegungstriebs der Pferde ist, als vielmehr das Ergebnis eines harten Drills mit recht fragwürdigen Methoden. Wirklich tierlieb ist es allerdings auch nicht, einem Hengst ein verheißungsvolles Tête-à-Tête mit einer rassigen Stute vorzugaukeln und ihm stattdessen eine plumpe Attrappe unterzujubeln. Vielleicht beschäftigt daher ja auch der missglückte Bocksprung bald die Staatsanwaltschaft.

(Klodeckel des Tages vom 10. März 2013)

Öffentlich-rechtliche Propaganda: Die verstrahlte Wahrheit

Sechzehntausend Opfer hatte die gewaltige Naturkatastrophe gefordert. Die schlimmen Ereignisse, bei denen auch ein japanisches Kernkraftwerk in Mitleidenschaft gezogen wurde, schlachteten vor allem die Grünen seinerzeit gnadenlos für ihre politischen Ziele aus. Bis heute stehen die medienträchtigen, aber wenig aussagekräftigen Bilder von explodierenden Kraftwerken sinnbildlich für das Wiedererstarken einer Partei, die ihren Höhepunkt bereits gesehen zu haben schien. Wie die SPD durch die Oder-Flut 2002 erlebte auch die Anti-Atom-Lobby mit dem Erdbeben in Japan unverhofft einen Aufschwung in der Wählergunst. Danach hatte kaum noch ein Politiker den Mut, sachlich über Energiepolitik zu sprechen. Isoliert in Europa, machte sich Deutschland auf den Irrweg der Abschaffung verlässlicher Quellen zur Stromgewinnung. Der hohle Begriff der „Energiewende" ist seitdem die wohl am meisten verwendete politische Worthülse. Dass Parteien Ereignisse umdeuten, ist klar. Ganz und gar nicht klar sollte es aber dort sein, wo die objektive Berichterstattung gesetzlich vorgeschrieben ist: Beim öffentlich-rechtlichen Rundfunk.

Trotz ihres eindeutigen Auftrags betreiben die Nachrichtenformate des Staatsfernsehens zunehmend boulevardeske Meinungsmache. Deutlich zeigte sich dies einmal mehr bei der Berichterstattung zum zweiten Jahrestag der Erdbeben- und Tsunamikatastrophe. Dafür wandert der heutige „Klodeckel" an die ARD-Tagesschau. Diese erinnerte am vergangenen Montag in ihren Hauptnachrichten an das fatale Geschehen vom März 2011 mit den Worten: „In der Folge kam es zu einem Reaktorunfall im Kernkraftwerk Fukushima. Dabei kamen ungefähr 16.000 Menschen ums Leben." Eine solch dreiste Falschmeldung kann nicht mehr als Unachtsamkeit durchgehen, zumal keinerlei Korrektur folgte. Tatsächlich ist nämlich bis zum heutigen Tag nicht ein einziger Mensch an den Folgen des Reaktorunfalls gestorben! Ins gleiche Horn blies Grünen-Vorsitzende Claudia Roth, die in den sozialen Netzwerken von einer „verheerenden Atom-Katastrophe" schwadronierte, „die nach Tschernobyl ein weiteres Mal eine ganze Region und mit ihr die ganze Welt in den atomaren Abgrund blicken ließ" und 16.000 Menschen das Leben gekostet habe.

Doch die liebe Frau Roth und ihre grünen Kampfgeschwader hatten die Rechnung ohne Tausende aufgeklärte Bürger gemacht. Die Geschichtsfälscherin sah sich nach einem wahren „Shit-Tsunami" zur kleinlauten Richtigstellung gezwungen. Sie selbst hatte allerdings nicht den Mut dazu, sondern überließ dies dem „Team Roth". Diesmal sind die Ideologen an Ort und Stelle überführt worden, doch verrichten sie ihr übles Werk nur allzu oft unwidersprochen. Was aber staatliche Gehirnwäsche angeht, beschwere sich bitte niemand über Putins Propaganda – russische Fernsehzuschauer genießen diese zumindest gebührenfrei. Und Wahrheiten, die nicht in den politischen Mainstream passen, haben es im gebührenfinanzierten deutschen Staatsfernsehen genauso schwer. Verirren sie sich doch mal ins Sendeschema, verschwinden sie garantiert im Nachtprogramm. Egal, ob Öko-Lüge, Euro-Desaster oder – wie unlängst – ein gut recherchierter Beitrag zur allgegenwärtigen Korruption und Vorteilsnahme bei Bauvorhaben der öffentlichen Hand. Abhilfe schafft nur, auch mal bei den Nachrichtenformaten des Auslands reinzuschauen.

(Klodeckel des Tages vom 17. März 2013)

Zombies in Berlin: Die Piraten und ihre Selbstbeschäftigung

In dieser Woche standen die Bewerber um den „Klodeckel des Tages" wieder Schlange, und es fiel mir daher ganz besonders schwer, mich zu entscheiden. Die Aufregung um Schnorrer-Peer, der seinem Kumpel Siggi die Bonbon-Tüte mopste, fand ich zwar ganz witzig, aber in die End-auswahl kam er damit nicht. Weitaus mehr ließe sich zur vorhersehbaren und bestellt wirkenden medialen Aufre-gung anlässlich des zehnjährigen Hartz-IV-Jubiläums sa-gen. Die richtigen Worte zu den „armen Deutschen" fand kürzlich der großartige Wolfram Weimer in seinem Kom-mentar zum Armutsbericht. Dann waren da auch noch die Euro-Finanzminister mit ihrer hinterhältigen Idee, einmal zu schauen, was sich so regt, wenn man den Menschen einen Teil ihres Ersparten einfach vom Konto abbucht. Die armen Zyprioten mussten herhalten, konnten sich aber erstaunlicherweise fürs Erste auf ihre Parlamentarier ver-lassen. Diese dürften allerdings eher von der Angst vor der Lynchjustiz getrieben worden sein, als sie dem Diebstahl ihre Zustimmung verweigerten.

Und einen ganz besonderen Aufreger fabrizierten die Pira-ten, um die es nicht nur hier in meinem Blog etwas still geworden war. Die Entscheidung war dann recht schnell getroffen: Da uns das Euro-Desaster noch lange beschäfti-gen wird, behandele ich dieses ein anderes Mal. Der heuti-ge „Klodeckel" geht an die Fraktion der Piratenpartei im Berliner Senat, weil es sie nur noch bis zum Ende der dor-tigen Legislaturperiode geben wird. Die Seeräuberfraktion behelligte die Senatsverwaltung zum Wochenanfang allen Ernstes mit einer offiziellen Anfrage, in der sie wissen wollte, ob und wie sich die Stadt Berlin auf eine Invasion von Zombies vorzubereiten gedenke. Dabei beriefen sich die Urheber der „Kleinen Anfrage" auf ein vermeintliches Handbuch der amerikanischen Seuchenschutzbehörde zum richtigen Verhalten während einer „Zombie-Katastrophe". Was vordergründig unheimlich witzig daher kommen mag, ist pure Steuerverschwendung! Die Piraten gefallen sich darin, die Ressourcen des heillos verschuldeten Berlin zu missbrauchen, dessen finanzieller Ruin von einer Minderheit der Bürger Deutschlands bereits in der dritten Generation mit viel Geld hinausgezögert wird.

Zum eigenen Entertainment werden Senatsmitarbeiter für dümmliche Publicity gebunden, deren Zeit an vielen Stellen dringend gebraucht wird. Zur Erläuterung des ernsthaften Hintergrunds des angeblichen amerikanischen „Zombie-Handbuchs" sei gesagt, dass es sich hierbei um ganz und gar reale Katastrophenszenarien handelt, die man jenseits des Atlantiks bestimmten Bevölkerungsschichten als „Zombie-Comic" näherzubringen versucht. Für wie sinnvoll wir das als aufgeklärte Mitteleuropäer halten, ist eine ganz andere Frage. Den Piraten geht es aber offenkundig gar nicht darum, sachlich über Maßnahmen des Katastrophenschutzes zu diskutieren, sondern um das pure Ausleben kindlicher Impulse. Doch warum fordern sie einen Berliner Notfallplan für die Zukunft? Die „Zombies" sind doch längst in der Hauptstadt angekommen. Insofern ist Berlin bereits Testgebiet des Umgangs mit der Katastrophe und kommt offenbar irgendwie damit zurecht. Wir dürfen also guten Mutes sein, dass die Invasion in einigen Jahren überall auch wieder schadlos überstanden sein wird.

(Klodeckel des Tages vom 24. März 2013)

Geld statt Gedenken:
„Die Mauer muss weg!"

In dieser Woche war ich zu Besuch in Berlin. Es waren sehr interessante Tage und irgendwie war es auch eine Reise in die Vergangenheit. Meine Mutter stammt aus der ehemaligen DDR, konnte aber kurz vor dem Mauerbau mit ihren Eltern und beiden Geschwistern in den Westen übersiedeln – nicht ohne allerdings sämtliches Hab und Gut zurückzulassen. Doch nicht alle Verwandten schafften den Absprung, und so besuchte ich als Teenager mehrfach die DDR. Nach dem Fall der Mauer war ich zuletzt 2006 in Berlin. Ein Gang zum Brandenburger Tor ist dabei jedes Mal Pflicht, genau wie der Besuch der Reste der Berliner Mauer. Gerade Letzteres wird allerdings von Mal zu Mal schwieriger, da die wenigen Überbleibsel dieses historischen Mahnmals mehr und mehr der Bauwut der Stadt weichen müssen. Berlin tut viel, um an die Schrecken des kommunistischen Terrors zu erinnern, doch macht es mich sehr betroffen, dass die sichtbarsten Dokumente der Unmenschlichkeit nach und nach verschwinden. Denn Gedenkstätten, Museen und Ausstellungen sind nicht einmal halb so beeindruckend wie die tatsächliche Berliner Mauer am Originalstandort.

Das längste noch erhaltene Stück Mauer steht heute in der Mühlenstraße. Besser gesagt: Es stand. Der Zufall wollte es nämlich, dass just am Tag meiner Ankunft am 27. März im Morgengrauen eine sechs Meter breite Schneise in die weltberühmte „East Side Gallery" geschlagen wurde Es handelt sich dabei um ein ursprünglich gut 1.300 Meter langes, von über 100 internationalen Künstlern bemaltes Stück Originalmauer, das allerdings inzwischen an vielen

Stellen durchbrochen worden ist, weil es den Verantwortlichen seit 2006 immer wieder im Weg steht. Den „Klodeckel des Tages" gibt es deshalb für Franz Schulz, den Bürgermeister des zuständigen Berliner Bezirks Friedrichshain-Kreuzberg. Zwar wurde der zugrunde liegende Bebauungsplan im Jahr 2005 und damit ein Jahr vor dem Amtsantritt des Grünen-Politikers festgesetzt, doch hätte Schulz die Zerstörung des zeitgeschichtlichen Monuments noch verhindern können. Er war zudem vor seiner Bürgermeisterzeit als Bezirksstadtrat für Stadtentwicklung und Bauen bereits maßgeblich beteiligt.

So geht ein weiteres Stück Erinnerung an die deutsche Teilung verloren, damit Geld in die geplünderten Kassen kommt: Vor drei Wochen ließ Schulz ausrichten, dass man zwar „grundsätzlich schwerwiegende Bedenken gegen die Translozierung von Denkmalen" habe, doch würden diese wegen der „erforderlichen Erschließung der Baugrundstücke zurückgestellt". Es ist bedauerlich und beschämend, dass hier der Eindruck entsteht, es fehle das richtige Gespür für den Umgang mit dem Unrechtsstaat DDR. Dieser Eindruck speist sich insbesondere aus dem Wissen, dass die Grünen bis zur Wiedervereinigung eine beträchtliche Zahl extremer Linker beherbergten, bevor ihnen die SED-PDS eine neue Heimat bot. Wünschenswert wäre deshalb, wenn auch die Öko-Gutmenschen den Terror von links mit der gleichen Vehemenz und Gradlinigkeit brandmarken würden, wie den Terror von rechts. Dazu gehört, dass dort, wo eine Todeszone an die Verbrechen radikallinker Ideologie erinnert, die Denkmalpflege niemals Investoreninteressen unterliegen darf. Einem Mahnmal gegen den Nazi-Terror wäre dies ganz sicher nicht passiert…

(Klodeckel des Tages vom 31. März 2013)

Die Verfassungsfeinde machen mobil: „Ich bin linksextrem"

Man wünscht sich, dass dies nur ein misslungener April-Scherz wäre – doch es ist keiner. Es ist bitterer Ernst, der hoffentlich irgendwann dazu führt, dass die schweigende Mehrheit der Gesellschaft sich aus dem Joch lautstarker linker Parolen-Rufer befreit. Deren Medienpräsenz suggeriert das Artikulieren einer Mehrheitsmeinung die es so nicht gibt. Vielmehr wird die vom Linksextremismus ausgehende erhebliche Gefahr für unsere Demokratie immer noch weithin unterschätzt. Natürlich hat Deutschland eine Vergangenheit, die vor allem unsere Achtsamkeit gegenüber rechtem Radikalismus geschärft hat. Und das muss auch so bleiben. Übersehen wird dabei aber allzu leicht, dass die jüngere deutsche Geschichte von der Terrorherrschaft des staatlich organisierten Linksextremismus geprägt war. Zwar betraf dies „nur" ein Viertel der deutschen Bevölkerung, doch muss ich mich immer wieder wundern, wie salonfähig linksradikale Gesinnungen sind. Mit der Vergabe des heutigen „Klodeckels" an die Grüne Jugend möchte ich einen Beitrag dazu leisten, dass dies nicht länger so bleibt.

Deren gemeinsam mit der Linksjugend am 1. April veröffentlichte Pressemeldung zur Kampagne "Ich bin linksextrem" stellt in holprigem Deutsch die Welt auf den Kopf. Sie zeigt, dass es inzwischen offenbar eine beträchtliche Zahl junger Menschen gibt, denen mit sachlichem Dialog nicht mehr beizukommen ist. Von der Jugendorganisation der Linkspartei hätte man nichts anderes erwartet, erschreckend ist aber, dass weite Teile des grünen Nachwuchses die altlinke Zelle der Öko-Partei wiederbeleben. Erinnert sei unter anderem an den Steinewerfer Joschka Fischer. Gewalt galt und gilt in diesen Kreisen als probates Mittel. Noch deutlicher wird dies, wenn man sich die Kommentare der Nutzer auf den eigens dafür geschaffenen Internetplattformen ansieht. Um dem Schwachsinn keine zusätzliche Bühne zu eröffnen, verzichte ich hier auf die Nennung der Foren. Stellvertretend sei ein Nutzer-Kommentar auf der Facebook-Seite zur Kampagne wiedergegeben, der die Gesinnung zusammenfasst: „Ich bin linksextrem, weil ich Arbeit Scheiße finde und am 1. Mai gerne Steine werfe." (Anmerkung: Die vier Schreibfehler in dem Satz habe ich zur besseren Verständlichkeit korrigiert).

Kämpft man sich durch die orthografisch wie grammatikalisch schwer verdaulichen Äußerungen der linksextremen Fangemeinde, fragt man sich unweigerlich, ob die selbsternannten Ultrakorrekten einen Teil ihrer Aufmerksamkeit nicht lieber dem richtigen Gebrauch der deutschen Sprache widmen sollten. Stattdessen wird penibel auf durchgängiges Gendering geachtet, das Sprachvergewaltigungen wie „Kapitalist_innen" produziert. Doch wer nicht gerne arbeitet, ist wohl auch nicht gerne zur Schule gegangen. Die Vorstellung, dass einige dieser Menschen dereinst in ihren Parteien führende Ämter übernehmen könnten, lässt mir kalte Schauer über den Rücken laufen. Die Älteren unter uns erinnern sich an die RAF, die vor allem in den 1970er und 1980er Jahren Deutschland mit einem Terror überzog, wie wir ihn heute weder vom radikalen rechten Rand, noch von den Islamisten kennen. Die Rückkehr linksradikaler Bombenleger scheint nicht mehr fern – wehret den Anfängen!

(Klodeckel des Tages vom 7. April 2013)

Umverteilung „at its best“: Angriff der Gleichmacher

Für ihren Auftritt bei Anne Will geht der „Klodeckel des Tages" an Manuela Schwesig, Mecklenburger Ministerin und stellvertretende SPD-Vorsitzende. Man stritt über die Frage, ob die Forderung nach einer Vermögensumverteilung „pure Ideologie oder soziale Notwendigkeit" sei. Es war ein miserabler Tag für die SPD: Erst ermittelte die ihr ansonsten gewogene FORSA, dass es selbst zusammen mit den Grünen und der Ex-SED im kommenden Bundestag gegen die amtierende Koalition nicht mehr reichen würde. Dann wurde bekannt, dass der unbeholfene Wahlkampfslogan „Das WIR entscheidet" bereits seit sechs Jahren von einer Zeitarbeitsfirma verwendet wird. Und nun blamierte man sich also auch noch mit der überforderten Frau Schwesig in einer Talkshow. Dabei fiel diese nicht so sehr wegen ihrer grundsätzlichen Haltung negativ auf. Im üblichen parteipolitischen Hin und Her vertrat sie die erwarteten Standpunkte, die sich auf einen einfachen Nenner bringen ließen: Es muss mehr Geld her, um das Lebensgefühl aller vermeintlich Benachteiligten zu heben – und ungerecht ist es sowieso, wenn einer mehr hat als der andere.

Es ist der alte Traum der Genossen, jeden missglückten Lebensentwurf sanft aufzufangen und alles Unrecht der Welt durch Gleichmacherei zu beseitigen. An dieser Utopie scheitert die Sozialdemokratie seit 150 Jahren. Und an ihrer Neigung, Politik für den Einzelfall zu machen. Der berechtigte Hinweis einer Gesprächsteilnehmerin, dass die Überbetonung der Versorgung von Hartz-IV-Aufstockern mit Blick auf deren Anteil von 0,8% in keinem Verhältnis zur Gesamtzahl der Vollzeitbeschäftigten stehe, prallte am maskenhaften Lächeln der SPD-Wahlkämpferin ab. Tiefer drang er nicht. Schwesig antwortete stattdessen ohne erkennbaren Zusammenhang mit dem Beispiel der alleinerziehenden Mutter eines behinderten Kindes, nicht ohne dabei auf ihr besonderes ehrenamtliches Engagement zu verweisen. Mit ihrer rührseligen Anekdote wollte sie die Forderung nach zusätzlichem Geld für soziale Wohltaten rechtfertigen – ein perfides Ritual, um den Pawlowschen Hund im applauswütigen Publikum zu wecken, das sich stets mit derartigen Einzelschicksalen solidarisiert.

Schwesig wirkte wie ein fehlprogrammierter Sprachcomputer, der seine abgespeicherten Textbausteine irgendwie immer an der falschen Stelle absonderte. Es kümmerte sie wenig, dass eine Diskussion zuweilen daraus besteht, auf die Argumente seines Gegenübers einzugehen. Stattdessen war sie sichtlich bemüht, die seltene Chance eines Fernsehauftritts zur eigenen Darstellung zu nutzen. Dagegen ist an sich ja nichts zu sagen, doch hörte man bei den einstudierten Worthülsen allzu oft das Papier rascheln, auf dem ihre Parteistrategen diese aufgeschrieben hatten. Auch die etwas zu aufrechte Sitzhaltung und der dauerfreundliche Gesichtsausdruck wirkten einstudiert. Natürlich hat mich niemand gezwungen, mir das Trauerspiel bis zum Ende anzutun. Leicht hätte ich mir mit der Fernbedienung Linderung verschaffen können. Doch Schwesigs Auftritt hatte etwas von einem Autounfall, bei dem man sich am Ende dafür schämt, aus Neugier über das ganze Ausmaß der Katastrophe den Blick nicht abwenden zu können. Immerhin schien zumindest die Sprechpuppe aus Mecklenburg-Vorpommern ihren Spaß an der Neiddebatte zu haben. Sie war ja auch mal Steuerfahnderin…

(Klodeckel des Tages vom 14. April 2013)

Endstation Euro: Frankreichs unerfüllter Traum

Wir haben uns nicht immer lieb gehabt, in den vergangenen 200 Jahren. Genau genommen haben wir uns manchmal gehasst. Sogar Krieg geführt haben wir gegeneinander. Mehr als einmal. Zu unterschiedlich sind wir in unserem Lebensgefühl und unseren Weltanschauungen. Aber wir haben uns irgendwie arrangiert. Weil wir es mussten. Wir Deutsche teilen mit unseren französischen Nachbarn inzwischen sogar eine Währung. Wer hätte das noch vor zwei Generationen jemals für möglich gehalten? Doch ist das wirklich ein Fortschritt? Gemessen an den Äußerungen aktueller französischer Regierungsmitglieder muss man daran zweifeln. Und so geht der heutige „Klodeckel" an Frankreichs Industrieminister Arnaud Montebourg. Mit Francois Hollandes Amtsantritt im vergangenen Jahr erlebte Frankreich eine echte Zäsur. Erstmals seit der Euro-Einführung haben nun die Sozialisten das Sagen, und das ausgerechnet in der bedrohlichsten Krise des Kontinents seit 80 Jahren. Leider haben sich die Befürchtungen in vielerlei Hinsicht bestätigt.

Es gehört zur sozialistischen Ideologie, das eigene Schicksal überwiegend als fremdbestimmt zu begreifen, vor allem immer dann, wenn die Dinge nicht so gut laufen. Wir kennen das aus Deutschland von der SPD: Schuld hat die Gesellschaft, die zu wenig für den Einzelnen tut, nicht etwa der Betroffene selbst. Und so empfindet die derzeitige politische Elite Frankreichs das wirtschaftliche Desaster im Land der Froschschenkel und Schnecken denn auch nicht als selbstverschuldet. Lieber zeigt sie mit dem Finger auf den erfolgreichen Nachbarn, den man inzwischen wieder ein bisschen weniger mag. Deutschland mit seinen zu niedrigen Löhnen, so Monsieur Montebourg, sei nämlich Schuld daran, dass es Frankreich nicht gut geht. Der Herr Minister besteht darauf, „dass es hier zu einer Angleichung zwischen den Ländern kommt". Nun könnte man dies auf mindestens zwei Arten erreichen, nämlich auf die unbequeme (man ändert selbst etwas) oder die bequeme (die anderen müssen sich ändern). Montebourg, der die deutsche Regierung recht uncharmant mit einem „Klassenlehrer" vergleicht, „der für alle entscheidet", empfiehlt Letzteres: Deutschland muss sich ändern.

Seine einfache Logik: Wenn deutsche Firmen höhere Löhne zahlen, sinkt deren Wettbewerbsfähigkeit und Frankreich kann aufholen – voilà! Es treibt einem angesichts solch unverhohlener Chuzpe die Zornesröte ins Gesicht! Montebourgs Vorschlag dokumentiert die ganze Verzweiflung einer Regierung, die schon nach einem Jahr mit ihrem Latein am Ende ist. „Sozialismus pur" haben sie probiert – und sind vollends gescheitert. Dabei hatten sie in Osteuropa über Jahrzehnte erstklassigen Anschauungsunterricht nehmen können. Frankreich ist heute der „kranke Mann" Europas und gehört wirtschaftlich bei genauer Betrachtung nicht mehr in den Euro-Club. Aber wir müssen sie behalten, weil niemand vorhersehen kann, wie sich eine beleidigte „Grande Nation" verhält. Eines lässt sich jedoch festhalten: Frankreichs Hoffnungen an den Euro haben sich nicht erfüllt. Der Plan war raffiniert, doch Deutschland erfand die „Agenda 2010". Und so haben Napoleons Erben den ungeliebten Nachbarn von der anderen Rheinseite auch 200 Jahre nach der Völkerschlacht bei Leipzig nicht bezwingen können – trotz Einheitswährung.

(Klodeckel des Tages vom 21. April 2013)

Der Abschied des Doktor „Ex": Chatzi trägt Eulen nach Athen

Man ist ja inzwischen bedauerlicherweise schon ziemlich abgehärtet, aber manchmal gibt es Nachrichten, bei denen einem doch noch der Mund offen steht. So geschehen am gestrigen Samstag, als der FDP-Euroabgeordnete Georgios Chatzimarkakis erklärte, Deutschland – und seine Partei – verlassen zu wollen, um im Sommer 2014 für ein griechisches Wahlbündnis in die nächste Europawahl zu ziehen. Offizieller Grund ist die Enttäuschung über den Kurs der deutschen Politik in der Eurokrise. Das bringt ihm schon heute den „Klodeckel des Tages" ein. Es das gute Recht des Deutsch-Griechen, im zarten Alter von 47 Jahren seine späte Liebe zu einem Land zu entdecken, in dem er freilich weder geboren wurde, noch je gelebt hat. Doch glaubwürdiger macht es den Mann nicht, dem nach dem Entzug seines Doktortitels vor knapp zwei Jahren anschließend auch vom Kölner Verwaltungsgericht bescheinigt wurde, getäuscht zu haben. Aber Glaubwürdigkeit ist wohl auch nicht das Thema des Kaderpolitikers, den es nach seinem Studium der Politikwissenschaft in die Abgeordnetenbüros drängte, den Sprungbrettern in eines der Parlamente.

Für einen Berufspolitiker ist es dann herzlich egal, welcher Fleischtopf sich anschließend auftut, Hauptsache der große Löffel liegt bereit. Und für Chatzimarkakis konnte es nicht besser laufen, wurde er 2004 doch in gerade jenes Parlament weg gewählt, in dem zwar Kompetenz die geringste Rolle spielt, aber am meisten zu holen ist: Satte € 11.450 pro Monat „Entschädigung" und allgemeine Kostenvergütung, auf die lediglich die EU-Gemeinschaftssteuer zu entrichten ist. Am Ende bleibt ein monatlicher Nettoverdienst von rund € 9.800. Zu diesem gesellt sich die steuerfreie Kostenpauschale von € 268 für jeden einzelnen Tag, an dem der Abgeordnete einen Fuß auf den Boden der Brüsseler Behörde setzt. Da will man doch gerne verlängern! Doch weil die Liste der politischen Freunde in den langen Jahren seiner FDP-Reise inzwischen ziemlich zusammengeschmolzen ist, muss das Ticket zum Gelddrucken für „Chatzi" künftig woanders herkommen. Da ist es hilfreich, sich der zweiten Staatsbürgerschaft zu erinnern.

Konsequent ist er immerhin, der selbsternannte Griechenland-Kenner. Seit den frühen Tagen der Euro-„Rettung" ließ er keine Gelegenheit aus, sich als patriotischer Freund des Landes zu gerieren, das doch eigentlich schon immer seine wirkliche Heimat gewesen sei. Das Wetter ist ja auch besser dort und der Ouzo so bekömmlich. Und nebenbei ist ein Platz auf der Liste einer griechischen Partei allemal sicherer als das ungewisse Betteln um eine Verlängerung des Mandats in Deutschland. Zumal in seiner FDP, die er regelmäßig mit links-sozialen Forderungen aufschreckt. Höhepunkt seines Wirkens war der Vorschlag, die FDP möge mit den Grünen fusionieren, was ihm 2007 Hohn und Spott eintrug. Da passt es ins Bild, dass nun das Gerücht umgeht, Chatzimarkakis wolle sich der griechischen Demokratischen Linken anschließen. Da gehört er allemal hin. Der Saarländer galt seit jeher als Fremdkörper bei den Liberalen, was nicht weiter ins Gewicht fiel, solange er sein Werk von Brüssel aus verrichtete. Immerhin war er aber auch lange Jahre Generalsekretär der FDP im Saarland, was schon mehr schmerzte. Nun also lassen wir „Jorgo" gerne ziehen, auch aus der FDP. Wäre das nicht auch was für Sie, Frau Koch-Mehrin?

(Klodeckel des Tages vom 28. April 2013)

Inzest auf Steuerzahlerkosten: In Bayern bleibt's in der Familie

Der „Selbstbedienungsladen Politik" hat schon so manche Unverfrorenheit geboren. Erst vergangene Woche habe ich einem den „Klodeckel" verliehen, der sich in seiner Verzweiflung allzu offensichtlich an die fetten Fleischtöpfe des Parlamentarismus klammert. Nun hat sich an anderer Stelle ein wahrer Sumpf aufgetan. Dafür geht der heutige „Klodeckel" an die CSU-Fraktion im Bayerischen Landtag. Vetternwirtschaft wie aus dem Lehrbuch herrscht dort offensichtlich, denn gleich 57 der 92 CSU-Parlamentarier beschäftigen zum Teil seit mehr als 20 Jahren nahe Verwandte in ihren Büros, manche gleich die ganze Familie. Und das, obwohl dies in Bayern seit dem Jahr 2000 verboten ist. Da darf es auch nicht als Entschuldigung gelten, dass „Altfälle" ausgenommen sind. Es gibt einfach Dinge, die tut man nicht! Das Verbot gilt nicht ohne Grund, ist doch gerade im Falle von Ehepartnern und Kindern kaum prüfbar, welche Gegenleistung wirklich für das üppige Gehalt auf Steuerzahlerkosten erbracht wird. Da liegt der Verdacht einer Gefälligkeit schnell auf der Hand, um der lieben Gattin oder dem braven Bub im Monat ein paar Tausend Euro Taschengeld extra zukommen zu lassen.

Ein CSU-Phänomen ist dies allerdings keineswegs: Auch mehr als die Hälfte der SPD-Abgeordneten glänzen mit einem fehlendem Unrechtsbewusstsein. Und selbst bei den selbsternannten Erziehungsbeauftragten von den Grünen gibt es ein „schwarzes Schaf". Nur die FDP-Fraktion mit ihren 16 Mitgliedern hat sich nichts vorzuwerfen. Es war vor zwei Wochen abzusehen, dass der „Fall Schmid" nur die Spitze des Eisbergs bilden würde. Der damalige CSU-

Fraktionschef war der erste „Enttarnte". Zu leicht macht es unser politisches System den Volksvertretern, sich und ihren Angehörigen oder Freunden auf Staatskosten Vorteile zu verschaffen. Doch das ganze Ausmaß des bayerischen Inzest wäre wohl gar nicht sichtbar geworden, hätte nicht Landtagspräsidentin Barbara Stamm mutig und entschlossen die Flucht nach vorn ergriffen. Fazit: 79 der 187 Landtagsabgeordneten in Bayern gehören zur „Amigo-Fraktion". Es fällt nicht schwer sich vorzustellen, wie fieberhaft nun in den Fraktionsbüros aller anderen 15 Landesparlamente geprüft und diskutiert wird. Keiner möchte der Nächste sein, und doch scheint sicher, dass wir auch anderswo bald von Vetternwirtschaft hören werden.

Die Aufregung um die Bezahlung von Familienangehörigen sollte jedoch nicht den Blick dafür verstellen, was das tatsächliche Problem ist: Unsere Parlamentarier bekommen einfach zu viel Geld. Schon die „Abgeordnetenentschädigung" – im Falle des Bayerischen Landtags aktuell € 7.060 pro Monat – ist ein Schlag ins Gesicht jedes hart arbeitenden Freiberuflers, zumal Jahr für Jahr eine automatische Erhöhung erfolgt. Aber müssen es dann auch noch unappetitliche Zulagen sein, wie die monatliche Kostenpauschale von derzeit € 3.214 sowie zusätzliche Leistungen für die Büroausstattung und für Dienstfahrten? Obendrein bluten die Steuerzahler für die Kosten mindestens eines Mitarbeiters. Hier liegt der Schlüssel zur Haushaltssanierung. Unser Staat hätte nämlich genug Geld, um alle Aufgaben zu erfüllen, würde es nicht in den Taschen überversorgter Abgeordneter und deren Gspusis oder im aufgeblähten Staatsapparat versickern. Doch wer soll´s richten? Niemand sägt am Ast, auf dem er sitzt...

(Klodeckel des Tages vom 5. Mai 2013)

Angriff der Religionskrieger: Die Angst vorm getürkten Prozess

Der NSU-Prozess hält Deutschland seit Wochen in Atem. Weniger die Bevölkerung, der das ganze Hin und Her über zu wenig Stühle im Gerichtssaal und ausgeloste Prozessbeobachter ziemlich egal ist. Es sind vielmehr die Medien, die selbstreferentiell in nicht enden wollender Empörung über den zum „Jahrhundertprozess" aufgeblasenen Justizakt berichten, was auf beklemmende Art den Zustand unserer Presse beschreibt. Nun hat das unwürdige Spektakel einen neuen Höhepunkt erreicht, diesmal gesetzt von einem türkischen Politiker, der als Beobachter dem Prozessauftakt beiwohnte. Für seine Forderung, das Kruzifix müsse im Sinne eines fairen Prozesses aus dem Gerichtssaal entfernt werden, erhält Mahmut Tanal den „Klodeckel des Tages". Das christliche Symbol sei ein Verstoß gegen den Säkularismus, also die Trennung von Religion und Staat. Einmal auf Temperatur gekommen, schwang sich Tanal gar zum Sprecher der übrigen Weltreligionen auf und geißelte das Kreuz als Bedrohung für alle Nichtchristen. Es gehört schon enormes Selbstbewusstsein dazu, wenn ein türkischer Politiker solche Sätze formuliert.

Der Parlamentarier Tanal sollte seine Kraft mal lieber darauf verwenden, dass sich in seinem Heimatland ein ernstzunehmender Säkularismus noch in diesem Jahrtausend überhaupt ausbilden kann. Im Eifer des Gefechts übersieht er außerdem, dass es bereits seit 40 Jahren Regelungen gibt, die dafür sorgen, dass ein Kreuz im Zweifel aus dem Saal verschwindet. Anders als er dies aus seiner Heimat kennen mag, wird die Entscheidung darüber hierzulande jedoch nicht von außen getroffen, sondern obliegt allein den Prozessbeteiligten. Auch beim Justizapparat wünscht man der Türkei gerne viel Erfolg auf ihrem weiteren Weg zum Rechtsstaat unserer Prägung. Es war allerdings fast schon bemitleidenswert, wie die im Umgang mit Lobbyorganisationen ungeübte deutsche Justiz bei dem Versuch ins Schlingern geriet, es allen Krakeelern recht zu machen. Im Fall Tanal kam die Reaktion jedoch prompt und unmissverständlich: Das Kruzifix bleibt hängen. Rückendeckung kam überraschenderweise vom Zentralrat der Muslime, der Tanal ermahnte, er möge „sich mit seiner Belehrung der deutschen Justiz zurückhalten." Ungewohnte Töne von einer mächtigen Lobbygruppe, die uns gerade darüber belehrt hatte, wie ungerecht es in der Islamkonferenz zugehe.

Apropos Islamkonferenz: Die Bezeichnung ist ein hübscher Etikettenschwindel. Es geht dabei nämlich nur vordergründig um die Belange des Islam. Eher schon dient das Gremium der Befriedigung der gewaltigen türkischen Lobby in Deutschland, deren oberste Vertreter sich rund um die Gremiensitzungen fordernd und anklagend zu Wort melden. Sie erwecken dabei den Eindruck, als sprächen sie für weit mehr als die geschätzten 2,5 Mio. Menschen türkischer Herkunft. Dies sind zwar immerhin zwei Drittel der Muslime hierzulande, aber eben gerade einmal 3% der Gesamtbevölkerung. Im türkischen Verhältnis zu Deutschland ist – wie auch der Fall Tanal zeigt – jedes Maß verlorengegangen. Und mit der enormen Medienmacht im Rücken nimmt der Wille zur Integration immer weiter ab. Ergebnis: 83% der hier lebenden Türken lehnen die deutsche Staatsbürgerschaft ab – keine Migrantengruppe steht Deutschland skeptischer gegenüber. Nicht das Kruzifix ist das Problem, lieber Herr Tanal!

(Klodeckel des Tages vom 12. Mai 2013)

Der erfundene Skandal: Das „Aufstocker"-Märchen der SZ

Der „Klodeckel des Tages" geht an die Süddeutsche Zeitung. Längst ist das einst liberale Blatt zur linksideologischen Kampfpostille abgestiegen, der man möglichst wenig Aufmerksamkeit schenken sollte. So hatte ich mir zunächst auch vorgenommen, den Artikel vom 8. Mai mit der wahrheitsverdrehenden Hetzparole „Staat muss immer öfter Löhne aufstocken" nicht weiter zu kommentieren. Mittlerweile sind jedoch so viele Medien auf die Falschmeldung aufgesprungen, dass eine Richtigstellung notwendig ist. Es sind vor allem die längst zum sensationsschreienden Unterhaltungsklamauk verkommenen politischen Talkshows, die ein Zerrbild der gesellschaftlichen Wirklichkeit entwerfen. An vorderster Front kämpfte diesmal die „Hart aber fair"-Sendung vom 13. Mai, in der reißerisch „skandalöses Lohndumping" und „Hungerlöhne" angeprangert wurden. Anlass all der aktuellen Empörung war die Umdeutung einer offiziellen Statistik zur Zahl der sogenannten Aufstocker. Hier hatten die Ideologen von der SZ ganze Arbeit geleistet, indem die eine beliebige Gruppe und einen willkürlichen Zeitraum aus der Statistik herausgriffen, um ihre Skandalmeldung zu untermauern.

Unwiderlegbare Tatsache ist aber, dass die Zahl der Menschen, die trotz eines Arbeitseinkommens staatliche Hilfe in Anspruch nehmen müssen, seit dem von der SZ gewählten Jahr 2009 rückläufig ist. Das interessiert die Steigbügelhalter der Umerzieher unserer Gesellschaft aber nicht. Um die eigene Ideologie in alle Köpfe zu hämmern, ist man sich für nichts zu schade. Und leider gilt für die Masse der besonders obrigkeitshörigen Deutschen noch immer, dass wahr ist, was in der Zeitung steht. Leichtes Spiel also für die Medien, die längst die Macht in diesem Staat übernommen haben und den endgültigen Linksruck im Wahljahr auf Biegen und Brechen durchsetzen wollen. Widmen wir uns für einen kurzen Moment den Fakten, wenngleich ich weiß, dass eine argumentative Auseinandersetzung mit Ideologen reine Zeitverschwendung ist: Seit 2009 ist die Zahl der Hartz-IV-Empfänger um rund 600.000 zurückgegangen, während sich die Zahl der sozialversicherungspflichtig Beschäftigten um sage und schreibe 1,5 Millionen erhöht hat.

Wenn das rot-rot-grüne Jammerlager sein Mantra herunterbetet, es könnten immer weniger Menschen von ihrer Arbeit leben, ist dies also eine glatte Lüge! Wer jemals die Grundschule besucht hat, kann anhand der beiden Zahlen leicht errechnen, dass das Gegenteil der Fall ist. Am Ende aller nüchterner Betrachtung reden wir von etwas mehr als einem halben Prozent aller Vollzeitbeschäftigten in diesem Land, die – aus welchen Gründen auch immer – von ihrem Lohn nicht leben können. Es sagt viel über den Zustand unserer Gesellschaft, dass dieser marginale Anteil unzureichend entlohnter Berufstätiger für eine Medienpropaganda taugt, die den Umverteilungs- und Enteignungsideologen am Ende an die Macht verhelfen könnte. Das aufwendig gezüchtete schlechte deutsche Gewissen ermöglicht derlei Unverhältnismäßigkeiten allerdings erst, ganz gleich, ob es um Fragen des Sozialstaats, des Umweltschutzes oder der Integrationspolitik geht. Doch diejenigen, die den Umverteilern heute so euphorisch zujubeln, könnten schon bald deren nächste Opfer sein. Denn Ideologien brauchen immer neue Feindbilder für ihr eigenes Überleben.

(Klodeckel des Tages vom 19. Mai 2013)

Wahlkampfunterstützung aus Mainz: ZDF lässt SPD jubeln

Für die Exklusivausstrahlung der Halleluja-Orgie der SPD am vergangenen Donnerstag darf sich das Zweite Deutsche Fernsehen über den „Klodeckel des Tages" freuen. Per sogenanntem Poolvertrag hatten sich die Mainzer zusammen mit dem öffentlich-rechtlichen Politik-Anhängsel Phönix die Übertragungsrechte an der Parteiveranstaltung gesichert. Zwei Stunden wurde live und exklusiv gesendet, wie ein Redner nach dem anderen die SPD hochleben ließ. Da machten selbst die Vertreter der anderen Parteien gute Miene zum bösen Spiel und sangen das Loblied mit – frei nach dem Motto: Wenn wir schon keine eigene Bühne erhalten, verschaffen wir uns eben hier einen Auftritt. Im mondänen Leipziger Gewandhaus und unter Mitwirkung hochkarätiger Musiker wie jenen des Leipziger Symphonieorchesters übertrug das ZDF eine Werbeveranstaltung vom Feinsten. Natürlich zahlte die SPD für ihren Hurraruf selbst, zumindest übernahm sie ihre Organisationskosten. Doch hat das Event sicher doppelt so viel Spaß gemacht, weil es bundesweit live übertragen wurde. Und die Rechnung hierfür ging aufs ZDF. Mit dem Geld der Gebührenzahler wurde ein zweistündiger SPD-Wahlwerbespot ausgerechnet im Bundestagswahljahr 2013 gesendet!

Ein Tiefschlag für alle Fans einer ausgewogenen Medienberichterstattung. Was bedeutet dies für die anderen politischen Parteien? Kann die CSU nun darauf bestehen, ihre parteiinterne Fingerhakel-Meisterschaft in Eggenfelden live übertragen zu bekommen? Füllen die Feierlichkeiten rund um die Kranzniederlegung der Linken am Rosa-Luxemburg-Mahnmal demnächst die kostbare Sendezeit am Samstagabend? Dürfen CDU und FDP erwarten, dass ihre kommenden Koalitionsverhandlungen durchgehend gesendet werden, oder müssen sie doch Werbeblöcke vor 20 Uhr akzeptieren? Fragen, die niemand beantworten will – und auch nicht sollte. Es ist schlicht ein Skandal, wie sich hier ein öffentlich-rechtlicher Sender zum willfährigen Komplizen einer Partei gemacht hat, der nur ein Viertel der Deutschen überhaupt gewogen sind. Wann dürfen die übrigen 75% über die Verwendung ihrer Gebührengelder im Wahlkampf entscheiden? Das ZDF weist natürlich alle Schuld von sich und zeigt mit dem Finger auf die private Konkurrenz, die sich nicht habe beteiligen wollen.

Es sollte die hoffentlich inzwischen ausgenüchterten SPD-Helden nachdenklich stimmen, dass außer ihren Helfern vom Lerchenberg niemand die Schmonzette senden wollte. Letztlich wird es ihnen egal sein, weil sie sicher sein können, dass mit der ZDF-Übertragung auch noch der letzte Winkel analogen Antennenfernsehens hinter der höchsten Hecke in diesem Land mit ihrer grellen Show ausgeleuchtet worden ist. Aber nicht nur rund um das Geburtstagsständchen gibt es Ungereimtheiten. Arg geflunkert hat das ZDF auch beim Titel der Jubelarie („Happy Birthday SPD! – Festakt zum 150-jährigen Jubiläum"). Im ganzen Trubel geht nämlich unter, dass die SPD selbst gar kein 150. Jubiläum feiern kann. Sie ist als Partei erst 138 Jahre alt. Der 23. Mai 1863 markiert die Begründung der Sozialdemokratie durch Ferdinand Lassalles „Allgemeinen Deutschen Arbeiterverein", der gegen das liberale Bürgertum aufbegehrte. Der Kampf gegen den Liberalismus ist es, der die Sozis von damals und heute verbindet. Ist das wirklich ein Grund zum Feiern?

(Klodeckel des Tages vom 26. Mai 2013)

Grüner Wahlkampf: Ausschaltung durch Einschüchterung?

In dieser Woche haben die sich zunehmend autoritär gebärdenden Öko-Ideologen mal wieder den Vogel abgeschossen: Man hält sich bei den Grünen offenbar gar nicht mehr erst mit der argumentativen Auseinandersetzung auf, sondern verklagt politische Gegner einfach. Dafür gibt's den „Klodeckel des Tages". CSU-Generalsekretär Alexander Dobrindt hatte nach Auffassung der Grünen eine falsche Modellrechnung zur Auswirkung ihrer Steuererhöhungspläne aufgemacht und fand prompt eine Unterlassungserklärung in der Post. Der Anwalt Jonny Eisenberg hielt es dabei in seinem Schriftsatz für besonders geistreich, Dobrindt bezüglich des von den Grünen errechneten Steuereffekts herablassend zu fragen: "Verstehen Sie das? Wenn nicht, ist es nicht so schlimm." Solches Gebaren sagt viel über den Verfasser aus. Und über die Partei, die er vertritt. Überheblichkeit statt Augenmaß, Einschüchterung statt Wahlkampf, Drohungen statt Argumente. Und das Gespräch weicht der Klage.

Wenn eine Gruppierung sich mehr und mehr abschottet, sich gegen Andersdenkende mit Diffamierungen zur Wehr setzt und jeglichen Widerspruch mit größtmöglicher Härte verfolgt, dann hat man es normalerweise mit einer Sekte zu tun. Von einer politischen Partei erwartet man hingegen vor allem die Fähigkeit und die Bereitschaft zum Dialog. Doch wer das Wirken der Grünen in den letzten drei Jahrzehnten verfolgt hat, muss längst zu der Erkenntnis gelangt sein, dass Gegenpositionen zur eigenen Ideologie dort nur als lästige Störgeräusche wahrgenommen werden. Und wo Argumente fehlen, wird die Moralkeule geschwungen. So heftig, dass das grüne Ideologiefundament in den Köpfen vieler Mitbürger inzwischen fest zementiert ist und nicht mehr hinterfragt wird. Es ist ja auch so leicht: Ein bisschen Zukunftsangst gemischt mit dem schlechten Gewissen und dem anerzogenen Bedürfnis, ein guter Mensch zu sein – fertig ist der grüne Wähler. Und jetzt setzt die „Partei der 100 Verbote" auch noch auf den Faktor „Neid", was in Deutschland fast ein Selbstläufer ist. Erstaunlicherweise sind es aber diesmal die Medien, die nicht so recht mitspielen wollen, und so spürt die Gängelungs- und Bevormundungspartei ungewohnten Gegenwind.

Der grüne Heiligenschein ist längst verblasst, und mit der Einschüchterungstaktik werden offenbar neue Wege beschritten. Aufgeschreckt durch Pädophilie-Enthüllungen und heftige Reaktionen auf die angekündigte Steuererhöhungsorgie, schlagen die selbsternannten Weltverbesserer wild um sich. Noch immer macht sich der Gotteslästerung verdächtig, wer die grünen Dogmen hinterfragt. Doch es lässt hoffen, dass jene allmählich zur Besinnung kommen, die glauben, die gute Tat der Wählerstimme für die Grünen entbinde sie moralisch von der Weihnachtsspende an die Hand- und Fußmaler. Es sollte sich herumgesprochen haben, dass hinter der grünen Festlegung, was gut für uns ist und was nicht, keinesfalls die Sorge um unser Wohl steckt, sondern einfach nur handfeste wirtschaftliche Interessen. Ob Waldsterben, Ozonloch, Klimawandel, Energiewende, Mülltrennung, Bio-Lebensmittel oder Gentechnik – stets hat man uns etwas vorgemacht. Nun sollen also Steuererhöhungen gut für uns sein. Aber diesmal gehen wir dem organisierten schlechten Gewissen nicht auf den Leim. Und einschüchtern lassen wir uns schon gar nicht!

(Klodeckel des Tages vom 2. Juni 2013)

Der Hochmut der 4. Gewalt: Klebers Ausflug nach Nordkorea

Eigentlich sollte der „Klodeckel" diesmal an die Uni Leipzig gehen. Dort hatte das Rektorat Anfang Mai beschlossen, künftig nur noch die weibliche Bezeichnung für die Beschäftigten und Studierenden der Hochschule zu führen – für Männlein und Weiblein wohlgemerkt. Fördert schon das unsägliche „Gendering" immer schwachsinnigere Begrifflichkeiten zutage, setzen die Leipziger mit dem feministischen Urknall dem wahnsinnigen Treiben die Krone auf. Der Preisträger dieser Woche war also fast schon gekürt. Doch dann kam Claus Kleber und löschte den letzten verbliebenen Funken Hoffnung darauf, dass die Basis journalistischer Arbeit der Wunsch nach Neutralität sein könnte. Er bekommt den „Klodeckel des Tages" für seine Kritik an der ARD-Tagesschau, die er mit den Nachrichtensendungen „im koreanischen Fernsehen" verglich. Er meinte offensichtlich Nordkorea und mokierte sich über „das trockene Nachrichtenablesen" seiner Kollegen. Ist es dem „heute-journal"-Sprecher zuwider, dass es noch Inseln professionellen journalistischen Wirkens gibt, von denen aus Nachrichten einfach nur übermittelt werden?

Nicht auszudenken, wenn der Fernsehzuschauer durch eigenes Denken auf den Irrweg einer eigenen politischen Meinung geriete. Und wo bleibt da der große Auftritt des Moderators, der die Menschheit gerne am Füllhorn seiner Weisheit teilhaben lassen möchte? Wie kann der Allwissende sicherstellen, dass das Publikum auch den letzten Winkel seiner weltmännischen Eloquenz gemeinsam mit ihm bereist? Nein, einfach nur berichten, was es Neues gibt, ist Klebers Sache nicht. Derart profane Darbietungen erschüttern das Selbstverständnis des Mannes, der durch seinen Werdegang wie kaum ein Zweiter für die hierzulande längst etablierte Unsitte des amerikanischen Nachrichtenstils steht. Dabei ist es geradezu grotesk, dass der simple Vortrag von Nachrichtenmeldungen zu banal sein soll, sich aber gleichzeitig bei den Öffentlich-Rechtlichen Auswahl und Präsentation der Nachrichten immer mehr am banalen Zeitgeist orientieren. Es scheint den Klebers dieser Welt eher darum zu gehen, die eigene Sicht zu etablieren. Nicht selten wird so aus der veröffentlichten Meinung irgendwann auch die öffentliche Meinung. Für die Nachrichtenformate des ZDF gilt dies in ganz besonderer Weise.

Die Einschaltquote der „Tagesschau" zeigt hingegen, dass die Zuschauer sehr wohl Nachrichten ohne die persönliche Wertung des Moderators hören möchten. Das kann auch ein Claus Kleber nicht ändern, so gerne er das möchte. Der gibt sich unschuldig und will lediglich „moderieren und einordnen", damit der Zuschauer die Nachrichten versteht. So, Herr Kleber, jetzt sage ich Ihnen mal was: Ich brauche Ihre persönlichen „Einordnungen" nicht. Schon gar nicht brauche ich eine Gehirnwäsche von einem linksverliebten Sender wie dem ZDF! Was fällt Ihnen eigentlich ein, sich zum Oberlehrer aufzuspielen, der uns TV-Zuschauern die Nachrichten erklären müsste? Halten Sie uns für so blöd? In den Nachrichtensendungen wollen wir, dass Nachrichten und Kommentar klar voneinander getrennt sind. Wir wollen uns selbst eine Meinung bilden. Das dürfen wir hier nämlich im Unterschied zu Nordkorea, Herr Kleber. Ob Ihnen das passt, oder nicht!

(Klodeckel des Tages vom 9. Juni 2013)

Gassi gehen im Parlament: Hundeliebhaber auf Abwegen

Was haben wir uns von unseren Bundestagsabgeordneten nicht schon alles zumuten lassen. Die Mitglieder unseres höchsten Parlaments, von denen viele längst in ihrer eigenen Welt zu leben scheinen, lösen immer wieder Wut, Enttäuschung und Kopfschütteln aus. Mal ist es die dreiste Erhöhung der eigenen Bezüge, die ohnehin mehr als großzügig bemessen sind, mal die weltfremde Sicht auf den Alltag des Normalbürgers und manchmal auch einfach nur die ungenierte Zurschaustellung bedenklicher Uninformiertheit bei wichtigen Entscheidungen wie dem Euro-Rettungsschirm. Diesmal geht es um vergleichsweise wenig, doch der aktuelle Vorstoß einer Gruppe von 15 Abgeordneten ist deshalb nicht minder ärgerlich. Für den offiziellen Antrag an den Bundestagspräsidenten, die Hausordnung so zu ändern, dass Abgeordnete ihren Hund mit in den Plenarsaal bringen dürfen, erhält Heinz Paula (SPD), Sprecher der ausschließlich aus Mitgliedern der SPD und der Grünen bestehenden Gruppe, den „Klodeckel des Tages". Geradezu beschämend ist die Rechtfertigung, man wolle damit die Bedeutung von Heimtieren im Arbeitsalltag fördern.

Die abenteuerliche Begründung steht sinnbildlich für die von den Parteien der betroffenen Protagonisten betriebene Politik, jedes noch so unbedeutende Einzelinteresse staatstragend aufzuwerten, um egoistische Vorlieben auf Kosten anderer durchzusetzen. Ausgesprochen dreist ist auch die Behauptung der 15 Tierliebhaber, es sei der Wunsch vieler Abgeordneter, das Mitbringen von Hunden zu gestatten. Paulas SPD-Mitstreiterin Silvia Schmidt bemühte sich, das unsinnige Ansinnen zu untermauern, indem sie tiefe Einblicke in ihr Seelenleben gewährte: „Mein Hund ist mein Freund. Er braucht meine Nähe, und ich brauche seine." Hört man derlei Sätze, sieht man Frau Schmidt an einem verregneten Herbsttag gemütlich mit Bello auf der Couch kuscheln, während „Vom Winde verweht" läuft. Der Tisch ist stets für das liebe Tier mit gedeckt, und selbstverständlich teilen die beiden nicht nur den Tisch miteinander. So viel Liebe haut einen um. Das Kopfkino produziert allerdings noch ganz andere Bilder, die man sich lieber erspart hätte.

Glücklicherweise ist davon auszugehen, dass der Vorstoß der Tiernarren keine Chance hat. Die ersten Reaktionen des hierüber befindenden Ältestenrates machen Mut. Eine Öffnung des Plenarsaals für die Vierbeiner einiger selbstsüchtiger Parlamentarier wäre auch ein Dammbruch. Man müsste nicht lange darauf warten, dass auch andere Haustierbesitzer die Freigabe für ihre Lieblinge einforderten. Vermutlich würden sie argumentieren, Katzen seien eine echte Bereicherung für die Streitkultur im Bundestag, umher fliegende Kanarienvögel könnten Friedenstauben symbolisieren und freilaufende Meerschweinchen ein glaubwürdiges Statement gegen die Käfighaltung setzen. All das bleibt uns wohl erspart. Doch ein Schlupfloch bietet sich Heinz Paula und seinen Mitstreitern noch: Blindenhunde sind im Parlament erlaubt. Verblendet scheinen die Antragsteller ja zu sein, nun müssten sie nur noch dafür sorgen, auch zu erblinden. Ob sie zu solch drastischen Opfern für ihre vierbeinigen Lieblinge bereit sind? Zuzutrauen ist es ihnen.

(Klodeckel des Tages vom 16. Juni 2013)

Das ESM-Komplott: Die Demokratie wird den Banken geopfert

Der Euro war eine Fehlgeburt. In dieser Einschätzung sind sich die Beobachter hierzulande inzwischen relativ einig. Allerdings ist gerade in Deutschland die Zahl derer groß, die meinen, da müsse man durch – koste es, was es wolle. Viel Naivität ist hier im Spiel, vor allem bei der Politik. Auf europäischer Ebene ist das Handeln hingegen weniger von Naivität bestimmt, als vielmehr von Kalkül. Und alle – Schuldenmacher wie Schuldenfinanzierer – eint das Ziel, die eigene Bankenclique rauszupauken, so gut es geht. Da steht Deutschland Franzosen und Spaniern in nichts nach. So dreht sich seit drei Jahren unaufhaltsam die Abwärtsspirale angeblicher Euro-Rettungsmaßnahmen, an deren Ende die gewaltigste staatlich organisierte Vermögensvernichtung aller Zeiten stehen dürfte. Immer schneller, immer intransparenter und auf immer weniger demokratische Legitimierung gestützt, entscheiden ein paar Politiker über dreistellige Milliardenbeträge im Euro-Glücksspiel.

Einen weiteren Schritt hin zum Abgrund haben die Finanzminister der Eurozone am frühen Freitagmorgen gemacht. Sie haben in ihrer Nacht- und Nebelaktion handstreichartig die direkte Finanzierung notleidender Banken durch den Europäischen Stabilitätsmechanismus (ESM) beschlossen – und dies sogar rückwirkend. Dafür müsste man ihnen sehr viel mehr um den Hals binden als den „Klodeckel des Tages", den aber jedenfalls so fest, wie es nur geht. Monatelang war es recht still geworden um die Rechtsbrüche der Europäischen Zentralbank, die Umverteilung der Schulden von den Banken auf die Staaten und die Gewissheit, dass die Bürgschaften deutscher Steuerzahler zu tatsächlichen

Milliardenverlusten führen werden. Erst die mündliche Verhandlung des Bundesverfassungsgerichts vor zwei Wochen und die jüngsten Nachrichten aus den Krisenländern haben der Euro-Diskussion neues Leben eingehaucht. Immer mehr Menschen schwant, dass der beschrittene Irrweg die Lage nicht verbessert, sondern verschlimmert. Die Euro-Finanzminister schert das wenig. Die Südländer nutzen die Gunst der Stunde, um mit dem ebenso allmächtigen wie antidemokratischen ESM ihr eigenes Staatswesen auf Kosten der Gemeinschaft zu sanieren.

Der ESM darf künftig bis zu 60 Milliarden Euro an pleitegefährdete Banken verschenken, die derzeit bei ihren Staaten in der Kreide stehen. So wird er zum Bankenrettungsfonds umgebaut, wodurch Europas Steuerzahler ab sofort auch ganz offiziell für die Spekulationsverluste der Banken aufkommen. Da ohnehin längst jedes Vertrauen verspielt ist, sparen sich die „Euro-Fighter" fortan den bonitätsgefährdenden Umweg der Hilfen über die Staatskasse. Die scheinbar unverdächtige Bezeichnung der „direkten Bankenrekapitalisierung" soll dabei die Ordnungsmäßigkeit der Fehlverwendung von Steuergeldern suggerieren. Es ist eine Schande, dass ein Kontinent voller Demokratien dies alles einfach geschehen lässt. Wir rühmen uns unserer entwickelter Staatswesen und rümpfen die Nase über korrupte oder autoritär geführte Länder östlich von uns. Im Würgegriff der Banken setzen Europas Politiker die Errungenschaften von sechs Jahrzehnten aufs Spiel und legen die Basis dafür, dass sich nach dem unvermeidlichen Währungszerfall radikale Kräfte der zerstörten Demokratien bemächtigen. Den Euro-„Rettern" ist ihr Eintrag in die Geschichtsbücher damit heute schon sicher.

(Klodeckel des Tages vom 23. Juni 2013)

„Verräter Deutschland": Ist die Öko-Weltherrschaft in Gefahr?

Den heutigen „Klodeckel" bekommt die „Spiegel online"-Redaktion für ihr überfürsorgliches Kümmern um die angeblichen Interessen deutscher Konsumenten: Die CO_2-Reduzierung sei oberster Verbraucherwunsch. Ehrlich? Die Journalisten können es als selbsterklärte höchste Moralinstanz unseres Landes nicht fassen, dass das Bessermenschentum einmal nicht seinen Willen bekommen hat. Empört vermeldete man am Freitag, dass die eigentlich für Donnerstag vorgesehene Abstimmung innerhalb der EU über verschärfte CO_2-Grenzwerte auf Betreiben der Bundesregierung auf den Herbst 2013 verschoben worden sei. Die zugehörige Verschwörungstheorie wurde auch gleich mitgeliefert: Die Bundesregierung habe es im Geheimen geschafft, die nötige Zahl von Staaten zur Verhinderung einer Abstimmung hinter sich zu bringen. Man kann sich bildhaft vorstellen, wie sich Berliner Agenten in schummrigen Winkeln abgelegener Gassen mit zwielichtigen Gestalten treffen, die ihr tief sitzender Hut, der zu weit fallende Mantel und die Sonnenbrille zu nächtlicher Stunde verrät. Durchaus denkbar, dass Deutschland als Stimme der Vernunft hier Überzeugungsarbeit geleistet hat und andere Länder daraufhin den Mut fanden, dem tapferen Beispiel im Kampf gegen die Öko-Mafia zu folgen.

Da mag den „Spiegel"-Redakteuren die Milch sauer werden – doch die Entscheidung, was Verbraucher wollen, treffen nicht ein paar Journalisten aus Hamburg oder anderswo, sondern eben wir Konsumenten. Und ich bin als mündiger Bürger dankbar, dass Deutschland einmal nicht bei jeder Gängelung mitmacht, die Europa uns aufzwingen will. Man kann darüber mosern, dass es hier nur um Firmeninteressen deutscher Automobilkonzerne geht – das trifft jedoch umgekehrt auf Entscheidungen im Sinne der Öko-Lobby ebenso zu. Eine Demokratie muss damit umgehen können, dass ihre Bürger die Wahl haben wollen. Und dazu gehört, sich entweder für ein kleines Dreiliter-Auto zu entscheiden, oder für die sportliche Limousine, die eben mehr verbraucht. Längst hat die Politik über die Steuerpolitik hier Regulative geschaffen. Natürlich möchte jeder von uns, dass auch künftige Generationen eine intakte Umwelt vorfinden. Und Energiesparen ist gut.

Doch mittlerweile wissen wir, dass willkürlich festgelegte CO_2-Grenzwerte hierbei genauso wenig hilfreich sind, wie das ewige Mantra vom menschengemachten Klimawandel. Denn die Forschung ist sich inzwischen gar nicht mehr sicher, wie sich denn nun eigentlich der Effekt einer höheren CO_2-Konzentration auswirkt. Beispielhaft für halbgare Öko-Erkenntnisse sei an dieser Stelle an das Märchen vom Waldsterben erinnert, dem jahrzehntelang alle Medien aufgesessen sind. Ebenso stellt man rapide schwindende Ozonlöcher fest – ohne dass es hierfür wirkliche Erklärungen gibt. Doch all das kümmert die Okö-Lobby nicht. Es müssen neue Geschäftsfelder erschlossen werden, damit die Kasse klingelt. Ganze Industriegruppen samt den von ihnen instrumentalisierten Politikern, Experten und Journalisten kämpfen darum, neue Standards der Energiegewinnung, -nutzung und -reglementierung in den Köpfen des Wahlvolks zu verankern. Auf dass die veröffentlichte Meinung öffentlicher Wille werde. Leider werden sie es am Ende schaffen und die Herrschaft der Öko-Ideologen durchsetzen – auch wenn sie diesmal keinen Erfolg hatten.

(Klodeckel des Tages vom 30. Juni 2013)

Liberalismus wider Willen: Costa Rica legalisiert die Homo-Ehe

Das wahre Leben schreibt die schönsten Geschichten. Und es sind Zufälle wie jener, der sich am Abend des 9. November 1989 in Berlin ereignete, die eine ganze Generation in ein neues Zeitalter führen. Seinerzeit hatte sich Günter Schabowski, Sprecher des SED-Politbüros, verplappert und quasi aus Versehen die DDR-Grenze für immer geöffnet. Zwar behauptete der frühere US-Präsident F.D. Roosevelt einmal, in der Politik geschehe nichts zufällig, doch war das Prinzip des Zufalls bis ins 18. Jahrhundert hinein fester Bestandteil einiger europäischer Demokratien. Das Los entschied häufig über Entscheidungen und die Besetzung von Ämtern. Und schon Montesquieu, Erfinder der Gewaltenteilung, war der Meinung: „Die Wahl durch das Los entspricht der Natur der Demokratie". Das ist längst anders, und doch passiert es eben immer noch ab und zu, dass der Zufall Regie führt. So geschehen in Costa Rica, wofür der „Klodeckel des Tages" an die Fraktion der konservativen „Partido Unidad Social Cristiana" geht.

Allerdings nicht für das aus liberaler Sicht erfreuliche Ergebnis ihrer Schlafmützigkeit, sondern dafür, dass sie auf diese Weise einem Gesetz gegen ihre eigene ideologische Überzeugung zustimmte. Überraschend erlebte Costa Rica dadurch in der abgelaufenen Woche die Legalisierung der Homo-Ehe. Und das kam so: Ein Gesetzesentwurf, über den die 57 Abgeordneten der „Asamblea Legislativa de Costa Rica" abzustimmen hatten, enthielt neben Regelungen zu Sozialleistungen auch Festlegungen über Rechte und Pflichten von Eheleuten. Dabei war die Ehe im ursprünglichen Entwurf als Verbindung von Mann und Frau definiert. Doch dann brachte ein Abgeordneter kurz vor der Abstimmung eine Änderung im Textentwurf unter, die den Passus dahingehend verallgemeinerte, dass nunmehr die Rechte von „Lebensgemeinschaften ohne jede Diskriminierung" garantiert werden. Und keiner der konservativen Gegner der Liberalisierung bemerkte die Tragweite des Änderungsantrags.

So wurde das inzwischen auch von Costa Ricas Staatspräsidentin unterschriebene Gesetz ohne jede Gegenstimme beschlossen. Zwar haben mit Brasilien und Argentinien zwei große lateinamerikanische Staaten die Gleichstellung der Homo-Ehe ebenfalls bereits verankert, doch ist Costa Rica erst das vierte Land im katholisch dominierten Mittel- und Südamerika, das gleichgeschlechtlichen Partnerschaften denselben Rang einräumt wie der traditionellen Ehe. Die verzweifelten Bemühungen der Konservativen, das Inkrafttreten des von ihnen mit beschlossenen Gesetzes doch noch zu verhindern, scheiterten. Nun werden sich Costa Ricas Gerichte mit der Frage befassen müssen, ob die mangelnde Aufmerksamkeit einer Reihe von Abgeordneten ein wirklich guter Grund dafür ist, einen einstimmigen Beschluss umzuwerfen. So sehr sie sich also um die Umkehrung der von ihnen geschaffenen Tatsachen bemühen, Costa Ricas Christdemokraten dürfen sich ab sofort zu den fortschrittlichsten Konservativen Lateinamerikas zählen. So richtig stolz werden sie darauf allerdings wohl niemals sein…

(Klodeckel des Tages vom 7. Juli 2013)

Hass statt Talent: Bushidos unmusikalische Morddrohungen

Für seine Hasstiraden im Musikvideo „Stress ohne Grund" erhält der bekannte und mehrfach verurteilte Straftäter Bushido den „Klodeckel des Tages". Stress bekommt er jetzt – und das mit gutem Grund! Wer Mord an Politikern gutheißt und Homosexuelle foltern will, wie Bushido in seinem neuesten Song, gehört aus dem Verkehr gezogen. Bislang kam der nicht nur durch Frauen- und Schwulenfeindlichkeit, sondern auch Antisemitismus und Islamismus auffallende Halbtunesier stets recht glimpflich davon, obwohl mehrfach wegen Beleidigung und Urheberrechtsverletzung sowie 2005 sogar wegen Körperverletzung verurteilt. Auch im aktuellen Fall werden die Strafanzeigen dem bereits in jungen Jahren wegen Drogendealerei verurteilten Berliner nur ein müdes Lächeln abringen. Denn dass die deutsche Strafverfolgung milde mit Tätern umgeht, hat er längst gelernt. Habe ich meine wöchentliche Auszeichnung bisher häufig mit Kopfschütteln und Unverständnis vergeben, so ist es ein ausgesprochenes Gefühl tiefer Verachtung, mit dem ich diese Zeilen schreibe.

Es ist zu hoffen, dass der von vielen Medien zur Stilikone verklärte und als „Skandalrapper" geadelte „Gangsta" nun endlich einmal die volle Härte des Gesetzes zu spüren bekommt. Viel zu lange schauen die Behörden überdies auch bereits zu, wie nah Bushido offenbar dem organisierten Verbrechen steht. Zwar nahm die Staatsanwaltschaft Berlin im vergangenen Jahr Ermittlungen wegen dessen mutmaßlicher Verstrickungen in den arabischen Mafia-Clan Abou-Chaker auf, doch geht es hier vorrangig um Steuerdelikte. Immerhin betrachtet das Berliner Landeskriminalamt ihn offenbar nicht zuletzt aufgrund einer Generalvollmacht, die er dem Abou-Chaker-Chef 2010 erteilt hat, als Mitglied des Clans. Und so einem soll nicht das Handwerk zu legen sein? Da fragt man sich schon, in welchem Staat wir eigentlich leben. Angesichts der zunehmenden Aufmerksamkeit durch die Justiz sieht sich Bushido offenbar seit einigen Jahren genötigt, an seinem Image zu feilen. Helfer fand er dabei unter anderem beim Burda-Verlag, der 2011 versuchte, den wenig talentierten, aber umso häufiger mit dem Gesetz in Konflikt stehenden Musiker mittels des sogenannten Integrations-Bambis hoffähig zu machen. Das Vorhaben scheiterte kläglich.

Der CDU-Bundestagsabgeordnete Christian von Stetten erwies sich und seiner Partei 2012 ebenfalls einen Bärendienst, als er Bushido ein Praktikum in seiner Fraktion ermöglichte, um ihn gesellschaftlich aufzuwerten. Doch so sehr sich der Abitur-Abbrecher eine Zeitlang zu verstellen versuchte – Deutschland kennt Bushidos wahres Gesicht. Anis Mohamed Youssef Ferchichi, wie er mit richtigem Namen heißt, hat es mit menschenverachtenden Parolen zum Plattenmillionär gebracht. Seinen kriminellen Leidenschaften ist er dabei offenbar stets treu geblieben. Und bei jeder neuen Straftat, die Bushido begeht, machen sich die Medienunternehmen mitschuldig, die ihm Reichweite und Popularität beim unbedarften jungen Publikum verschaffen. Vor allem aber läuft die Musikindustrie Gefahr, sich zum Mittäter des organisierten Verbrechens zu machen, an dessen Händen viel Blut klebt. Es wird daher Zeit, dass der Vorhang für Bushido fällt. Endgültig.

(Klodeckel des Tages vom 14. Juli 2013)

Auf Nummer sicher: Friedrichs Relativitätstheorie

Seit einigen Wochen beschäftigt uns der „Fall Snowden". Jeder muss für sich entscheiden, ob der amerikanische Whistleblower nun ein Held oder ein Verräter ist. Ich habe mich festgelegt: Er ist mein „Mensch 2013". Die Perfektionierung der Überwachung und Ausspähung durch die vermeintlich demokratischen Regierungen der westlichen Hemisphäre hat eine Stufe erreicht, die einem langsam Angst machen muss. Kein Regierungsverantwortlicher in Europa oder im angelsächsischen Raum hat heute noch das Recht, mit dem Finger auf jene Diktatoren zu zeigen, die östlich von uns herrschen. Dass die Totalüberwachung der restlichen Welt von den USA ausgeht, kann seit George W. Bushs Lügen und der Inszenierung des 11. September mit den entsprechend weitreichenden Folgen niemanden mehr verwundern. Dass die deutschen Geheimdienste, die Bundeswehr und die verschiedenen Bundesregierungen davon wussten und wissen, kristallisiert sich auch immer mehr heraus. Nun aber hat Bundesinnenminister Hans-Peter Friedrich (CSU) der Diskussion eine neue, sehr unschöne Qualität gegeben. Für die Erfindung des „Supergrundrechts" bekommt er den „Klodeckel des Tages".

Friedrich ließ Mitte der Woche verlautbaren, Sicherheit sei ein so hohes Gut, dass es sämtliche, in unserer Verfassung verbrieften Grundrechte überstrahle. Er versuchte damit zu rechtfertigen, dass er auf seiner USA-Reise als willfähriger Bückling der amerikanischen Geheimdienste auftrat und mit keinerlei neuen Erkenntnissen zurückkehrte. Die Relativierung der Grundrechte zeigt die ganze Verzweiflung des Ministers, der die Komplizenschaft mit einem in die

Enge getriebenen Überwachungsstaat verteidigen muss. Die allgemeine Angst vor islamistischem Terrorismus hat es auch den deutschen Sicherheitsbehörden in den zurückliegenden Jahren leicht gemacht, ohne großes öffentliches Aufsehen immer mehr Bürgerrechte auszuhebeln. Und ohne Edward Snowden wäre bis heute sicher keine breite Diskussion darüber in Gang gekommen, wie weit die Beschränkung der Freiheit unter dem Deckmantel der Sicherheit gehen darf. Mit der „Erweiterung" unseres Grundgesetzes um den „Artikel 0" hat Friedrich nun eine Grenze überschritten, die hoffentlich dazu führt, dass die Deutschen begreifen, wie sehr sie selbst in einer Demokratie für den Erhalt ihrer Grundrechte kämpfen müssen.

Längst haben wir uns daran gewöhnt, dass ein Leben in Freiheit scheinbar selbstverständlich ist. Doch zur Freiheit gehört mehr als die beruhigende Erkenntnis, dass ein bewaffneter Konflikt mit den Nachbarn heute undenkbar erscheint, wie unsere Großeltern und Eltern ihn noch kannten oder zumindest befürchten mussten. Zur Freiheit gehört nämlich auch, darauf vertrauen zu können, dass der Staat die eigene Privatsphäre schützt. Nur das schafft die Voraussetzungen dafür, sein Leben eigenverantwortlich führen zu können. Ganz besonders sollten wir – unabhängig von der aktuellen Diskussion – jenen misstrauen, die uns Bürger immer unmündiger machen und stärker reglementieren wollen. Es gibt viele nicht-liberale Parteien, die vor allem eines im Sinn haben: Sie wollen unsere Rechte einschränken. Die gute Nachricht: Anders als die Geheimdienste agieren Parteien offen und müssen sich Wahlen stellen. Am 22. September können wir zumindest diese Feinde der Freiheit in die Schranken weisen.

(Klodeckel des Tages vom 21. Juli 2013)

Thüringer Starthilfe: Der Steuerzahler als lieber Knecht

Heute geht der „Klodeckel" an Thüringens Ministerpräsidentin Christine Lieberknecht (CDU) für die fragwürdige Entscheidung, ihren bisherigen Regierungssprecher Peter Zimmermann in den sogenannten einstweiligen Ruhestand zu versetzen. Hinter dem eher harmlosen Begriff verbirgt sich, dass der 37-Jährige nach dem von ihm selbst angestrebten Wechsel in die freie Wirtschaft trotz seiner neuen Tätigkeit bei der Leipziger Internetfirma Unister weiterhin Bezüge vom Land erhält – unterm Strich 1.400 Euro pro Monat. Zwar hat Zimmermann angekündigt, diese Summe spenden zu wollen, doch darf er sich eines leistungsfreien Ruhekissens von monatlich mehr als 7.000 Euro sicher sein, sollte ihm sein neuer Job doch keinen Spaß machen und er innerhalb der nächsten drei Jahre wieder kündigen. Ein echtes Ärgernis, das einmal mehr die Frage der Überversorgung von Politikern und politischen Beamten aufwirft. Schlimmer noch ist, dass es der Versetzung in den einstweiligen Ruhestand überhaupt nicht bedurft hätte. Wie jeder andere Arbeitnehmer auch, hätte Zimmermann einfach kündigen können, um seine neue Tätigkeit ab September aufzunehmen.

Dass die naheliegende Lösung vermieden wurde, lässt den Verdacht aufkommen, hier gehe es darum, einem Parteifreund auf Kosten des arg gebeutelten Steuerzahlers etwas Gutes zu tun. Denn selbstverständlich hätte eine Kündigung den Verlust der Ansprüche auf die oben genannten Wohltaten zur Folge gehabt. Die ehemalige ehrenamtliche FDJ-Sekretärin Lieberknecht, die sogar in Merkels sozialdemokratisierter CDU oft wirkt, als sei sie in der falschen

Partei, muss sich jetzt viele Fragen gefallen lassen. Nach guter alter Sitte hat sie aber schon mitgeteilt, sich nicht äußern zu wollen. Warum auch? Warum sollte die Bevölkerung, die derlei Mauscheleien bezahlen muss, ein Anrecht auf Aufklärung haben? Helmut Kohls Taktik des Aussitzens, von Merkel perfektioniert und um absolute Beliebigkeit erweitert, soll nun offenbar auch die CDU-Genossin Lieberknecht vor weiterem Schaden bewahren.

Da hat sie die Rechnung allerdings ohne Thüringens Grüne gemacht. Diese zeigten die Ministerpräsidentin wegen des Verdachts der Untreue nun an. Aber auch alle anderen Parteien im Thüringer Landtag einschließlich des Koalitionspartners SPD rümpfen die Nase. Und die ohnehin parteienverdrossene Wählerschaft sieht sich wieder einmal in ihrer Erkenntnis bestätigt, dass Korruption und Vetternwirtschaft zum Alltag im Politikbetrieb gehören. Noch ist es nur ein kleines Feuerchen, das da in Erfurt glimmt. Mit den staatsanwaltschaftlichen Ermittlungen könnte daraus für die Politik nur wenige Wochen vor der Wahl jedoch ein Flächenbrand werden. Und das wäre gut so! Wir brauchen einen breiten gesellschaftlichen Konsens darüber, dass die Bedienung am Gemeinwohl nichts anderes ist als asoziales Verhalten. Immer mehr Schulden zwingen zu immer mehr Sparen – nur scheint dies für den berufspolitischen Apparat und seine bestversorgte Entourage nicht zu gelten. Höchste Zeit, das zu ändern!

(Klodeckel des Tages vom 28. Juli 2013)

Der Unbelehrbare: Schmolli-Schmolli statt Bunga-Bunga

Silvio Berlusconi, eine der obskursten Gestalten Italiens, bekommt den „Klodeckel des Tages". Nachdem er nun endlich einmal in letzter Instanz für eine vergleichsweise banale Steuerstraftat verurteilt worden ist, gerierte sich der langjährige Machthaber am Donnerstag als bedauernswertes Opfer der Justiz. In einer Videobotschaft ließ der starrköpfige Greis es an Superlativen nicht fehlen, um die Ungerechtigkeit anzuprangern, mit der ein lebenslanger treuer Diener des Volkes nun die Willkür italienischer Richter erfahren habe. Zwar profitiert Berlusconi auch nach dem Schuldspruch davon, dass er über Jahrzehnte hinweg immer wieder die Gesetze des Landes zu seinem Vorteil umgeschrieben hat, doch muss er nun tatsächlich wenigstens ein Jahr lang im Hausarrest verbringen. Möglicherweise droht ihm gar der Ausschluss von allen öffentlichen Ämtern. Leider ist dennoch nicht damit zu rechnen, dass der bald 77-Jährige es damit nun bewenden lassen wird. Zwar mag man sich kaum vorstellen, dass er in Italiens Politik künftig noch eine exponierte Rolle spielen kann, doch dürfte es zum Strippenziehen allemal reichen.

Zu eng ist das Netz, das Berlusconi zwei Jahrzehnte lang gesponnen hat, zu sehr kann er über seine Medienkonzerne und beste Verbindungen in gewisse Milieus immer noch Einfluss nehmen. Und im Falle von Neuwahlen ist selbst ein Comeback des Unbelehrbaren nicht auszuschließen. Immerhin darf man auf die Natur hoffen: Zwar konnte der fortlaufend runderneuerte Ex-Premier seine äußerlichen Alterserscheinungen immer wieder glätten, den Gang alles Sterblichen kann aber auch er nicht aufhalten. Doch bis dahin muss man mit allem rechnen. Dass viele Italiener dem zweifelhaften Charme des Möchtegern-„Cavaliere" sämtlichen Skandalen und Straftaten zum Trotz bis heute erliegen, nimmt man noch mit Kopfschütteln zur Kenntnis. Sie haben ihn immer wieder gewählt – da ist ihnen wohl nicht zu helfen. Dass aber manche Beobachter treudoof an den „Bunga-Bunga-König" appellieren, er möge es mit der Politik doch nun gut sein lassen und sich mit einem letzten Funken Anstand zurückziehen, ist reichlich naiv und taugt eher für eine Satiresendung. Europa muss endlich verstehen, welches Unheil von Berlusconi und dem von ihm geschaffenen System auch für das gütliche Miteinander auf dem Kontinent ausgeht.

Mit seinem ausgeprägten Nationalismus hat das Land die Kraft, Europa in der zu erwartenden Krisenverschärfung zu sprengen. Die wirtschaftlichen Probleme türmen sich beängstigend auf und es ist zu befürchten, dass spätestens 2015 der Kollaps droht, wenn erneut fast 200 Mrd. Euro an italienischen Staatsschulden zur Refinanzierung anstehen. Dann kann nicht einmal mehr Mario Draghi helfen, der seine Landsleute mit allerlei anrüchigen Tricks bis jetzt vor dem Totalabsturz bewahrt hat. Der Zusammenbruch der italienischen Banken ist ohnehin nicht aufzuhalten, wenn die EZB unter neuer Führung einmal nicht mehr mitspielen kann oder nicht mehr will. Was dann kommt, ist heute schon absehbar: Mit dem starken Rückhalt innerhalb der Bevölkerung, wird Berlusconi mit seinen Getreuen die Macht einmal mehr an sich reißen. Hat er bisher nur getan, was allein ihm nutzt, so wird er – ganz Pate – in der größten Not dann Italien vor dem Rest Europas „beschützen" wollen. Keine guten Aussichten…

(Klodeckel des Tages vom 4. August 2013)

Der Fall Bartels: Pure Absicht oder peinlicher Ausrutscher?

Schon häufig habe ich mich an dieser Stelle über den Niedergang des Qualitätsjournalismus ausgelassen. Die Texte sind immer weniger originell und nicht selten einfach nur voneinander abgeschrieben. Hinzu kommen die ungezählten Artikel, denen man anmerkt, unter welchen Schmerzen der Autor seinen Kniefall vor den mächtigen Anzeigenkunden vollführen musste. Regelmäßig scheint Chefredakteuren und Herausgebern aber auch ganz einfach der Mut zu fehlen, gegen den Mainstream anzuschreiben. Oder sie wollen es partout nicht. In eine ganz andere Kategorie fällt dagegen das Machwerk des heutigen „Klodeckel"-Trägers. Mathias Bartels heißt er und ist gar Redaktionsleiter beim Hohenloher Tagblatt. Man findet seinesgleichen vor allem in den Online-Redaktionen, deren Fokus nicht mehr auf seriöser Berichterstattung zu liegen scheint, sondern auf Schnelligkeit und Sensation. Die Vertreter dieser Zunft zimmern hastig und lieblos Texte zusammen, ohne noch Zeit oder Muse für eine ordentliche Recherche und die anschließende Überprüfung ihrer Artikel zu finden.

Ein Stück weit hat man sich an diese Zeiterscheinung gewöhnt und besonders Texte im Internet von weniger bekannten Redaktionen sind heutzutage mit Vorsicht zu genießen. Wenn aber, wie im vorliegenden Fall, einem Interviewpartner ein Zitat in den Mund gelegt wird, das exakt dem Gegenteil dessen entspricht, was gesagt wurde, fällt es schwer, noch an Schlampigkeit zu glauben. Die Sache ging glimpflich aus für Bartels, weil sein Gesprächspartner enorme Milde walten ließ ob der verleumderischen Falschmeldung. Wenig nutzte da die anschließende kleinlaute

Korrektur der Online-Redaktion, denn viel zu schnell und unaufhaltsam ist das Internet. Das weiß auch Bartels. In Windeseile hatte sich die rufschädigende Wirkung im Netz entfaltet – und das angebliche Zitat ist bis heute in einigen Internetmedien nachzulesen. Doch was genau war passiert? Für seinen Artikel „Stephen Brauer – Die Hoffnung stirbt zuletzt" hatte Bartels einen jungen Politiker zu dessen offensichtlich aussichtsloser Bundestagskandidatur befragt. Dass es sich hierbei um einen FDP-Mann handelt, sei nur der Vollständigkeit halber erwähnt. Es spielt für die Heftigkeit meiner Empörung keine Rolle.

Bartels zitierte seinen Gesprächspartner mit den Worten: „Wer den Klimawandel leugnet, mit dem muss genauso umgegangen werden wie mit Holocaustleugnern." Doch in Wahrheit hatte Brauer in dem Interview das von der britischen Tageszeitung „The Guardian" stammende Zitat als „geschmacklosen Vergleich" bezeichnet, der beispielhaft sei für „die radikale Einstellung der Linken gegenüber anderen Meinungen, die zum Teil auf Fakten beruhen." Er hatte also nicht nur den Satz selbst nicht geprägt, sondern sich deutlich von dem Fremdzitat distanziert. Wie konnte Bartels eine so eindeutige Aussage nicht nur missinterpretieren, sondern gar in ihr Gegenteil verkehren? Es wird sein Geheimnis bleiben. Doch ganz gleich, ob Kalkül oder Schlampigkeit – Journalisten wie Bartels braucht niemand. Und den verkappten Wahlkämpfern in den Redaktionen sei bei dieser Gelegenheit gesagt: Lebt Euer Sendungsbewusstsein in der Politik aus und stellt Euch, anstatt Andersdenkende unter dem journalistischen Deckmantel mit Tatsachenverdrehungen feige in Misskredit zu bringen!

(Klodeckel des Tages vom 11. August 2013)

Steinzeit-Statistik als Trick: Wie die Enteignung verschleiert wird

Der „Klodeckel" schmückt diesmal das Statistische Bundesamt für die mit vorsintflutlichen Methoden errechnete Inflationsrate. Diese Woche wartete die Wiesbadener Behörde mit der Meldung auf, der Verbraucherpreisindex für Juli habe auf Jahressicht nur um 1,9% zugelegt. Was so schön klingt, ist in Wahrheit die dreisteste Mogelpackung seit der Erfindung des Euros. Und mit dem Euro hat sie auch zu tun: Unmittelbar nachdem die Gemeinschaftswährung 2002 Einzug in unsere Portemonnaies gehalten hatte, sahen die Statistiker nämlich, welch verheerender Verteuerungseffekt über Nacht vom neuen Geld ausgegangen war. Eilig musste eine Lösung her, um den Unmut von Medien und Verbrauchern im Keim zu ersticken. Und so wendet das Statistische Bundesamt seit Sommer 2002 die sogenannte hedonische Preisbereinigung an. Ein cleverer Trick, um die offiziell gemeldete Preissteigerungsrate klein zu rechnen. Die hedonische Methode besitzt nämlich einen dämpfenden Effekt. Preissteigerungen fließen nur insoweit in die Statistik ein, als sie nicht durch Produktverbesserungen kompensiert werden. So werden Leistungssteigerungen technischer Geräte infolge von Weiterentwicklungen als geldwerter Vorteil quasi vom Kaufpreis abgezogen.

So kann die Inflationsrate für einen Computer negativ sein, obwohl dessen Anschaffungspreis höher liegt als im Jahr zuvor. Die Frage, ob der Kunde die von der Branche aufgezwungenen Verbesserungen nutzt oder gar benötigt, bleibt dabei ebenso unberücksichtigt, wie die durch mehr oder minder sinnvolle Innovationen verursachte kürzere Nutzungsdauer. Auch eine objektive Verschlechterung von

Produktmerkmalen spielt im hedonischen Ansatz keine Rolle, sie müsste jedoch, der Logik der Methode folgend, inflationssteigernd wirken. Außer mit dem „hedonischen Trick" rechnen die Statistiker den Warenkorb aber auch noch auf andere Weise schön: Sie unterstellen, dass der „homo oeconomicus" sein Kaufverhalten anpasst, wenn von ihm favorisierte Produkte teurer werden. Dass dieses Verhalten erst ab einem deutlicheren Preisanstieg zu beobachten ist, wissen Markenforscher. Solange die Verteuerung im Rahmen bleibt, hält die Masse der Verbraucher Lieblingsprodukten die Treue. Die unterstellte „Substitution" verzerrt die Inflationsrate also ebenfalls nach unten.

Ganz und gar untauglich ist darüber hinaus der Spagat der Statistiker, einerseits den Warenkorb in seiner Zusammensetzung ununterbrochen an das Konsumentenverhalten anpassen zu wollen, die Gewichtung der einzelnen Gruppen von Waren und Dienstleistungen andererseits aber nur alle fünf Jahre zu ändern. Der gemittelte Wert ist schon aus diesem Grund unbrauchbar. Viel näher an der Wahrheit liegt die Inflationsrate für die Produkte des täglichen Bedarfs. Lebensmittel verteuerten sich auf Jahressicht um sage und schreibe 5,7% – ein Wert, der sich schon eher mit der zur Diskriminierung eigenständigen Denkens erfundenen „gefühlten Inflation" deckt. Schade nur, dass sich so wenige Menschen wirklich gerne mit Zahlen beschäftigen. Das hemmungslose Gelddrucken der EZB träfe auf weit stärkeren Widerstand, würden sich die Deutschen mehr ihrem Geld und dessen verschleierter Entwertung widmen. Die Inflationslüge müsste längst Dauerthema sein – aber es ist ja so viel beruhigender, sich in Sicherheit wiegen zu lassen. Der Deutsche hat halt gerne seine Ruhe…

(Klodeckel des Tages vom 18. August 2013)

„RAF" reloaded: radikal, anti, faschistisch

Linksextremismus wird zunehmend ein Thema in unserem Land. Kann unsere Jugend mit dem Begriff „RAF" heute leider nichts mehr anfangen, so läuft all jenen ein kalter Schauer über den Rücken, die in den 1960er Jahren oder früher geboren wurden. Und schon scheint es erste Anzeichen für eine Wiedergeburt der „Roten Armee Fraktion" zu geben. Sie scheint sich vorrangig aus den Nachwuchsorganisationen der Linkspartei und der Grünen zu speisen, wo anarchistisches Gedankengut, Gewaltbereitschaft und Radikalismus immer häufiger offen artikuliert werden. Erinnert sei an die Kampagne „Ich bin linksextrem!" der Linksjugend und der Grünen Jugend. Wer sich durch über Tausend Kommentare der Sympathisanten kämpft, versteht schnell, welche Gefahr hier für unseren demokratischen Staat heranwächst. Stellvertretend für die besorgniserregend ansteigende Zahl gewaltbereiter Linksextremer geht der „Klodeckel des Tages" an die sogenannten Antifaschisten, die am gestrigen Samstag in Bremen eine Parteiveranstaltung stürmten und dabei 16 Menschen verletzten, unter denen sich auch zwei Kinder befanden.

Nachdem es in jüngster Zeit mehrfach zu Übergriffen und Sachbeschädigungen Linksextremer gekommen war, ist mit dem jüngsten Vorfall ein neuer unrühmlicher Höhepunkt erreicht worden, der es verbietet, einfach zur Tagesordnung überzugehen. Wenn Veranstaltungen demokratischer Parteien im Wahlkampf nur noch unter Polizeischutz stattfinden können, wenn freiwillige Helfer beim Plakatieren Angst um Leib und Leben haben müssen und wenn über den Wahlausgang jene Gruppierungen entscheiden, die über die perfidesten Methoden der Einschüchterung verfügen, dann ist unsere Demokratie am Ende. Zu lange haben die Medien, angeführt von der großen Schar linkshöriger Journalisten, das Problem des Linksextremismus in Deutschland bagatellisiert. Gerne werden Steine werfende linke Terrorbanden als Demonstranten verniedlicht und respektvoll Linksautonome genannt. Autonom klingt ja auch richtig gut, irgendwie nach Selbständigkeit und Verantwortung. Und der Erinnerung an den Nationalsozialismus wird jeder erdenkliche Raum gegeben, während die Erinnerung an den 40-jährigen Terror des DDR-Regimes im Programmschema mit der Lupe gesucht werden muss.

Die Medien tragen die Hauptschuld am Heranreifen einer ganzen Generation junger Leute, denen die latente Gefahr linken Terrors völlig unbekannt ist. Vor allem aber führt die mediale Berichterstattung dazu, dass eine große Gruppe junger Menschen unter dem Eindruck aufwächst, sie würden ungerecht behandelt: Vom Staat, der verlangt, dass sie ihren Lebensunterhalt mit Arbeit verdienen, wo doch ein bedingungsloses Grundeinkommen viel cooler wäre; von der Gesellschaft, in der viele mehr haben als sie selbst und partout nichts verschenken möchten; und von der Politik, die nicht schnell genug hinterherkommt, ihnen immer mehr Lasten der persönlichen Lebensführung abzunehmen. Hier geht die Saat der Medienberichterstattung auf, die – teils naiv, teils kalkuliert – eine Kultur des Forderns etabliert hat, in der es nur noch Rechte, aber keinerlei Pflichten mehr zu geben scheint. Wer Eigenverantwortung, Rücksicht und Mäßigung einfordert, wird da schnell zum Feind. Lassen wir Demokraten uns das nicht gefallen! Geben wir der neuen „RAF" keine Chance!

(Klodeckel des Tages vom 25. August 2013)

Hausaufgaben sind doof:
Neues von „Siggi pop"

Er ist nicht zu beneiden, doch Mitleid muss man nun wirklich nicht haben. Er macht den Job ja immerhin freiwillig. Und irgendwie macht er ihn auch ganz schön schlecht. So schlecht, dass seine Partei ihn noch nicht einmal als Kanzlerkandidaten ins Rennen schicken wollte. Die Rede ist von Sigmar Gabriel (SPD), dem es einfach nicht gelingt, seine SPD und Peer Steinbrück im Bundestagswahlkampf einmal positiv in Szene zu setzen. Viele Genossen scheinen daher drei Wochen vor der Wahl bereits aufgesteckt zu haben, zumal selbst ein Zusammenschluss aller roter und grüner Farbschattierungen jüngsten Umfragen zufolge keine Mehrheit mehr findet. Was immer Gabriel anpackt, es geht schief. Man hört inzwischen wenig von ihm, gerade so, als wisse er, dass es sowieso keinen Zweck mehr hat. Und wenn er sich dann doch einmal zu Wort meldet, grätscht ihm Steinbrück umgehend in die Parade, wie unlängst beim Thema Steuern oder einige Wochen zuvor nach seinem vehementen Einsatz für Tempolimits. Heute erhält Sigmar Gabriel nun den „Klodeckel" für seine zum Wochenausklang erhobene Forderung, die Hausaufgaben abzuschaffen. Er strebt dies im Zusammenhang mit einem Rechtsanspruch auf einen Ganztagsschulplatz an, den er im Falle eines Wahlsieges einführen will.

Nun kann man gerade in der Bildungspolitik vortrefflich über manches streiten, und es sei hier gesagt, dass es an dieser Stelle nicht um das Für und Wider von Ganztagsschulen geht. Gabriels Vorschlag ist eher wegen der Begründung so absurd, mit der er die Hausaufgaben abschaffen will. Was Generationen von Schülern zum Lernen angespornt hat, was jungen Lernwilligen täglich Erfolgserlebnisse beschert und letztlich der Institution Schule überhaupt ein Instrument an die Hand gibt, um Leistungen zu bewerten, soll nach Gabriels Wille künftig der Vergangenheit angehören. Hausaufgaben findet der SPD-Chef sozial ungerecht, weil sie denjenigen Schülern einen Vorteil verschaffen würden, die schlauere Eltern haben. Auf so etwas muss man erst einmal kommen. Würde der Kalender nicht inzwischen September, sondern noch Juli anzeigen, Gabriels Vorstoß würde der passende Platz als Kuriosum im Sommerloch zugewiesen. So aber müssen wir von einem ernst gemeinten Beitrag ausgehen, der einmal mehr verdeutlicht, wie tief die altvorderen Genossen in ihrem linken Weltbildtrauma verhaftet sind.

Alle müssen gleich sein. Und weil es andersherum so viel schwieriger ist, bitte alle gleich dumm. Wenn Akademiker ihrem Nachwuchs bei den Hausaufgaben helfen, bildungsferne Schichten ihre Sprösslinge aber lieber sich selbst überlassen, statt deren schulische Pflichten aktiv zu begleiten, sind also nicht ignorante Eltern das Problem, sondern unsoziale Schularbeiten. Konsequent ist die SPD immerhin: Leistung ist verpönt; was im Berufsleben recht ist, kann in der Schule nur billig sein. Warum auch Schüler mit Leistungsdruck quälen, wenn man doch sowieso eine leistungsfreie Gesellschaft anstrebt? Da dürften die Genossen auf offene Ohren bei den grünen Umerziehern stoßen, die dort, wo sie konnten, auch das Sitzenbleiben schon abgeschafft haben. Schule als kuschelige Betreuungseinrichtung, die Fleiß und Eifer nicht mehr belohnt, sondern das gescheiterte Multikulti-Experiment verwaltet. Leistungsbereitschaft ist asozial. Wer dem zustimmt, wählt rot-grün.

(Klodeckel des Tages vom 1. September 2013)

85

Bevormunden, verbieten, umerziehen: Die Grünen machen Ernst

In Baden-Württemberg, dem Truppenübungsplatz grüner Regierungspolitik, staunen die Mitarbeiter des Verkehrsministeriums dieser Tage nicht schlecht. Ihr Chef Winfried Hermann geht zwei Wochen vor der Wahl in die Bevormundungsoffensive und erhält dafür den „Klodeckel des Tages". Der neuerliche Coup knüpft nahtlos an die Serie unzähliger Verbote an, mit denen Grüne die Menschen in Angst und Schrecken versetzen. Kann man über das nächtliche Angelverbot noch schmunzeln, weil es einfach bescheuert ist, so bleibt einem angesichts von Sonntagsfahr- und Fleischverzehrverboten das Lachen im Halse stecken. Nun plant der eigentlich für Verkehrserziehung zuständige Minister gleich auf mehrfache Weise, seine 180 Ministeriumsangestellten umzuerziehen. Einerseits wird ihnen das warme Wasser abgedreht, andererseits sollen sie künftig möglichst aufdringlich am Benutzen der Aufzüge gehindert werden. Das Absenken der Raumtemperatur ist ebenfalls beschlossene Sache, und es dürfte nur eine Frage der Zeit sein, bis auch das Betätigen der Lichtschalter untersagt wird.

Dass es im Ministerium dabei ums Thema Energiesparen oder überhaupt ums Geld geht, ist jedoch nur schwer zu glauben. Das Vorenthalten warmen Wassers spült bestenfalls rund € 9.000 im Jahr in die Kassen, während gar nicht bezifferbar ist, ob ein per Dekret verordnetes schlechtes Gewissen beim Fahrstuhlfahren eine messbare Wirkung entfaltet. Aber das kümmert Hermann nicht, er hat Größeres im Sinn: Seine Anordnung soll offenbar einen Beitrag dazu leisten, den Einheitsmenschen nach grünem Vorbild zu schaffen, quasi den ökologischen Arier. Doch die Menschen kommen nach und nach zur Besinnung. Laut neuesten Umfragen befinden sich die Grünen im freien Fall und auf dem Weg in die prozentuale Einstelligkeit. Es ist erstaunlich, wie lange es gedauert hat, bis das Unwesen der Umerzieher im Parteiengewand nun endlich von der breiten Bevölkerung wahrgenommen wird. Eingelullt von den medialen Steigbügelhaltern der Verbieteritis und geplagt vom chronisch schlechten Gewissen, das noch aus Schulzeiten zu stammen scheint, trauen sich offensichtlich immer noch viele Wähler nicht so recht, den Ökofaschisten in Umfragen ihre Zustimmung zu verweigern.

Fürchten sie etwa staatliche Repressalien, wenn herauskäme, dass sie das Bevormunden und Verbieten gar nicht so klasse finden? Man kann es nur vermuten. Der Durchschnittsdeutsche ist bekanntermaßen mit einer sprichwörtlichen Obrigkeitshörigkeit „gesegnet", die es Scharlatanen leicht macht. Umso bemerkenswerter ist nun der grüne Absturz in der Wählergunst. Da haben Trittin, Künast & Co. wohl den deutschen Hang zum Masochismus überschätzt. Es setzt sich offenbar die Erkenntnis durch, dass achtzig Jahre nach der Machtergreifung durch die Nationalsozialisten und nach vierzigjähriger Terrorherrschaft des SED-Regimes eine neue demokratieschädliche Gesinnung keinen Platz mehr in unserer Gesellschaft haben darf. Insofern sind die 10% Zustimmung für die ÖFP zwar der schlechteste Wert seit 2009, aber immer noch 10% zuviel. Es gilt deshalb, dem grünem Extremismus auch nach der Bundestagswahl weiterhin mit aller Entschlossenheit entgegen zu treten.

(Klodeckel des Tages vom 8. September 2013)

Richter als Aufklärer: Schulpflicht statt religiöser Eskapaden

Es ist so eine Sache mit dem Islam. Über die Religion an sich muss man sich gar nicht so sehr aufregen, auch wenn dies gerne und oft passiert. Das Problem sind vielmehr die Menschen, die ihre Religion mit allen möglichen Auslegungen aufladen und sie zu einer Ideologie verzerren. Wie immer im Leben sind es diese aufdringlichen Lautsprecher und Einpeitscher, die letzten Endes den Islam und mit ihm ganze Bevölkerungsgruppen in Verruf bringen. Es ist daher gut, dass in der abgelaufenen Woche das Bundesverwaltungsgericht in Leipzig eine Klage abgeschmettert hat, bei der sich der Verdacht aufdrängt, hier sei einmal mehr versucht worden, den eigenen Glauben im Kampf der Kulturen als Waffe einzusetzen. Und so geht der „Klodeckel des Tages" an die 13-jährige Schülerin aus Frankfurt, die sich ihre Befreiung vom Schwimmunterricht erstreiten wollte. Sie darf ihn an ihre Eltern weiterreichen, denn es ist schwer vorstellbar, dass ein damals elf Jahre altes Kind aus freien Stücken den Rechtsweg beschreitet, weil es nicht gemeinsam mit den Klassenkameraden schwimmen gehen will.

Die Klägerin hatte argumentiert, der Koran verbiete es ihr, sich dem anderen Geschlecht leicht bekleidet zu zeigen. Diesbezüglich war sie vom Hessischen Oberverwaltungsgericht bereits in die Schranken gewiesen worden, das die Teilnahme am Schulschwimmen im sogenannten Burkini als zumutbar angesehen hatte. Doch selbst diesen Ganzkörperbadeanzug empfand das Mädchen als nicht mit ihrem Glauben vereinbar, weil er eng am Körper anliege und – einmal nass geworden – die Konturen eher betone, statt sie zu verhüllen. Nun ist der Deckel drauf auf dieser unsäglichen Geschichte, bei der das muslimische Mädchen wohl eher das Opfer seiner Eltern, als ein Opfer der deutschen Rechtsprechung geworden ist. Der Vorgang zeigt, dass eine Religion, die gut 600 Jahre jünger ist als das Christentum, noch einen langen Weg vor sich hat, um die Trennung zwischen Staat und Kirche zu vollziehen.

Darüber hinaus hängt eine vorbehaltlose Begegnung der Religionen vor allem davon ab, dass die Zahl jener Muslime abnimmt, die den Islam in erster Linie als Weltanschauung betrachten – und nicht einfach nur als Glauben. Dies musste auch das Christentum über viele Jahrhunderte erst mühsam erlernen, ohne es bis heute vollständig verinnerlicht zu haben. Der Glaube ist reine Privatsache. Natürlich organisiert er sich, so wie alle Gleichgesinnten sich organisieren, sei es in Vereinen, in Parteien oder eben in Kirchen. Doch alles, was über das Bilden derartiger Gemeinschaften hinausgeht, wird als aufdringlich empfunden und schafft Missmut. Vor allem aber schränkt es die Freiheit all derer ein, die an diesen Gemeinschaften nicht aktiv teilhaben möchten. Und so muss man den Muslimen in Deutschland und anderswo ins Gebetbuch schreiben, dass ihre Religion erst mit dem Rückzug ins Private ihre Aufdringlichkeit verliert, die heute noch viel Argwohn weckt. Das Urteil des Bundesverwaltungsgerichts ist ein notwendiger Beitrag dazu.

(Klodeckel des Tages vom 15. September 2013)

Lügen haben kurze Beine: Der grüne Pädophilie-Sumpf

Es ist einfach widerlich. Die Bevormundungs- und Verbotspartei, die sich so gerne als oberste Moralinstanz aufspielt und uns von vielen Hundert Wahlplakaten herab selbstgefällig duzt, steckt tief im Sumpf eines Pädophilie-Skandals, der immer weitere Kreise zieht. Stück für Stück offenbart sich das ganze Ausmaß grüner Unterstützung für die "Entkriminalisierung" der Pädophilie. Seit eine Welle der Empörung über Deutschland schwappte, als im Frühjahr bekannt wurde, dass der grüne EU-Abgeordnete Daniel Cohn-Bendit es "wahnsinnig erotisch" findet, wenn sich ein fünfjähriges Mädchen auszieht, hat die grüne Führungsriege sich immer nur so weit geäußert, wie es der öffentliche Wissensstand bedingte. Scheibchenweise wurde stets nur das zugegeben, was jeder bereits wusste. Die heiklen Einzelheiten sollten offenbar bis nach der Bundestagswahl vertuscht werden. Zwar hatte der Parteivorstand unter dem Druck der Öffentlichkeit im Juni den Göttinger Politikwissenschaftler Franz Walter mit einer Aufarbeitung beauftragt, aber wohl gehofft, dass dessen Recherche frühestens im Spätherbst Fakten zutage fördern würde.

Das Kalkül ist glücklicherweise nicht aufgegangen. Immer neue Enthüllungen bringen den Politik-Karrieristen Jürgen Trittin seit Anfang September in erhebliche Erklärungsnot. Und während uns Claudia Roth und Katrin Göring-Eckardt glauben machen wollen, es habe sich um die wirren Anfänge einer für neue Denkweisen offenen Partei gehandelt, steht nun auch der Parlamentarische Geschäftsführer Volker Beck im Zwielicht, weil er noch Ende der 1980er Jahre ein offensichtlicher Verfechter der Straffreiheit für sexuelle Aktivitäten mit Kindern war. Den „Klodeckel" erhält er dafür, dass er mit Blick auf den zugrundeliegenden Aufsatz offenkundig die Unwahrheit gesagt hat. Gegenüber der FAZ hatte Beck im Mai geäußert, der ihm nicht mehr im Original vorliegende Text sei verfälscht veröffentlicht worden. Tatsächlich wurden nur einige Überschriften abgeändert. Bis mindestens 1989 war der heutige Grünen-Spitzenpolitiker demnach offenbar von der Notwendigkeit überzeugt, das Schutzalter für sexuellen Verkehr auf unter 14 Jahre zu senken. Dass der grüne Nachwuchs die ganze Aufregung „wahnsinnig lächerlich" findet (Sina Doughan, „Grüne Jugend"-Sprecherin), ist eine unschöne Randnotiz.

Es ist das Privileg der Jugend, unangepasst und unbequem zu sein. Man verzeiht ihr manches, weil man sie politisch noch nicht für voll nehmen kann. Doch weder Trittin, noch Beck waren naive Teenager, als sie ihre Kampfschriften zur Legalisierung sexueller Kontakte zwischen Erwachsenen und Kindern verfassten – Beck war Ende 20, Trittin gar Mitte 30! Es ist kaum zu fassen, dass beide keinerlei persönliche Konsequenzen ziehen, wo sie dies doch mit erhobenem Zeigefinger bei jeder sich bietenden Gelegenheit vom politischen Gegner fordern. Wie können sie sich künftig noch glaubwürdig für das Wohl einer Gesellschaft einsetzen, deren Kinder sie Perversen für deren niederste Instinkte ausliefern wollten? Was nutzt es da, dass Trittin und Beck heute von Fehlern sprechen? Es gibt nur einen Weg: Sofortiger Verzicht auf die Parteiämter und Bundestagsmandate. Durch den Umgang der Verfasser mit ihren Pädophilie-Petitionen hat das „grüne Gewissen" endgültig jede Legitimation verloren. Gebraucht werden die grünen Besserwisser im Parteienspektrum ohnehin nicht mehr.

(Klodeckel des Tages vom 22. September 2013)

Aufatmen im Harz: „Knöllchen-Horst" hat ausgepetzt

Schon Friedrich Schiller ließ Lady Milford in „Kabale und Liebe" erkennen: „Seligkeit zerstören ist auch Seligkeit". Auf einen besseren Nenner lässt sich kaum bringen, was sich seit Jahren im Harz abspielt. Dem Treiben hat nun das niedersächsische Oberverwaltungsgericht in Lüneburg ein Ende gesetzt. Und so muss sich der als „Knöllchen-Horst" berühmt-berüchtigte Horst-Werner Nilges ab sofort gefallen lassen, offiziell als Denunziant bezeichnet zu werden. Der streitbare Frühpensionär, der im Landkreis Osterode jahrelang Falschparker anzeigte, hat es amtlich: Das Gericht bescheinigte ihm eine „denunziatorische Tätigkeit". Den „Klodeckel des Tages" gibt's für ihn obendrein. Dies ist hoffentlich der Schlusspunkt eines beispiellosen Feldzuges, in dessen Verlauf der Endfünfziger in einer seit nahezu zehn Jahren andauernden Anzeigenorgie die unvorstellbare Zahl von 20.000 Knöllchen verteilt hat. Dabei war der renitente Rentner nicht zimperlich: Selbst einen Rettungshubschrauber, der zur Bergung der Opfer eines Verkehrsunfalls seiner Auffassung nach 14 Minuten lang „behindernd im eingeschränkten Halteverbot" parkte, meldete Nilges unverzüglich den polizeilichen Behörden.

Natürlich muss einem der Mann irgendwie leidtun, denn er scheint schwerwiegendere Probleme zu haben als falsch geparkte Hubschrauber. Man stellt sich aber zugleich die Frage, warum der Dauerpetzerei des wohl unbeliebtesten Harzers erst nach so vielen Jahren ein Riegel vorgeschoben wurde. Und wenngleich wir es hier mit einem ganz besonders besorgniserregenden Fall zu tun haben, steht Nilges doch auch ein bisschen für viele Deutsche, denen das Denunziantentum regelrecht im Blut zu liegen scheint. Vor allem in den letzten achtzig Jahren wurde das Fingerzeigen, Verpetzen und Anschwärzen hierzulande mit großem Eifer gepflegt, egal, ob die Denunziation den eigenen Vorteil – im Zweifel das Überleben – sichern sollte, oder einfach nur dem vorauseilendem Gehorsam entsprang.

Angst um Leib und Leben muss heute in Deutschland gottlob niemand mehr haben, doch lässt sich immer wieder beobachten, welch diebische Freude das „Hobby" Anzeigen vielen Mitbürgern offenbar bereitet. Die ausgeprägte Neidkultur in unserem Land ist hierfür ein fruchtbarer Nährboden. Mal geht es darum, dem nervigen Nachbarn eins auszuwischen, mal soll der ungeliebte Chef die Rache des „kleinen Mannes" spüren und grundsätzlich möchte man sowieso alle Gutverdiener steuerlich bluten sehen. In einem Land, in dem jene, die etwas erreicht haben, keine Anerkennung ernten, sondern Neid und Begehrlichkeiten wecken wie sonst nirgends auf der Welt, finden sich immer genug Claqueure des Denunziantentums – auch in den Medien. Dabei gelten die hohen Maßstäbe zwar stets für die anderen, aber selten für die Denunzianten selbst. Und so zog auch Frührentner Nilges 2010 vor Gericht, weil er ein Knöllchen für zu schnelles Fahren nicht bezahlen wollte. Nun atmet eine ganze Region auf. Hoffentlich haben alle Petzen gut aufgepasst…

(Klodeckel des Tages vom 29. September 2013)

Dreyers stümperhafter Brief: Dilettantismus oder Volksnähe?

Manchmal ist es einfach zu schön, der Welt beim Dilettieren zuzuschauen. Nicht, dass man selbst perfekt wäre, aber ein gewisses Maß an Schadenfreude soll ja gesund sein. Zumindest für den, der sich freut. Die heutige Trägerin des „Klodeckels" sieht das sicher momentan etwas anders, muss aber mit dem Spott für die offensichtliche Rechtschreibschwäche ihres Büros leben. Malu Dreyer, die über die Grenzen des schönen Bundeslandes Rheinland-Pfalz hinaus nicht wirklich viele Menschen kennen, ist immerhin Ministerpräsidentin. Sie hat den Posten sozusagen geerbt von ihrem amtsmüden und krisengebeutelten Vorgänger Kurt Beck. Auch der hat den „Klodeckel" schon mal bekommen, allerdings für die weit schwerwiegendere Verfehlung der Nürburgring-Pleite mit Ansage. Als Ministerpräsidentin sollte man jedoch über einen Bürobetrieb verfügen, auf den man sich im sprichwörtlichen Sinne blind verlassen kann. Nicht nur, soweit es die Terminführung und den Empfang von Besuchern betrifft, sondern auch, was die Grundrechenarten und das Beherrschen der Orthografie angeht.

Dass selbst erstklassige Deutschkenntnisse niemanden vor Schreibfehlern bewahren, ist klar. Wenn aber ein relativ kurzer Brief acht haarsträubende Fehler in nur sechs mittelschweren Sätzen enthält, kommt man ins Grübeln. Und wenn ein solcher Stümpertext dann auch noch in hochoffizieller Mission an die Bundeskanzlerin ergeht, wird es geradezu peinlich. Natürlich hat nicht Frau Dreyer den Brief geschrieben, sondern eine ihrer Bürokräfte. Doch war ich zu lange selbst Büroleiter eines Verbandspräsidenten, um glauben zu können, dass ein derart mangelhaftes Schriftstück jemals den Weg in die Post finden könnte, ohne vom Unterzeichner wenigstens noch einmal überflogen worden zu sein. Und hier muss sich die Frau Ministerpräsidentin leider vorhalten lassen, dass es nicht für sie spricht, die vergessenen Wortendungen und ausgelassenen Silben allesamt überlesen zu haben. Das bemerkenswert falsch gesetzte Komma möchte man da fast noch verzeihen. Nach einer Fülle von Neuregelungen kann sich heute wohl niemand mehr anmaßen, wirklich sattelfest in der deutschen Rechtschreibung zu sein.

Willkür und Unfug ist an die Stelle jahrzehntelang gültiger Schreibgewohnheiten getreten. Manches, was früher einfach nur falsch war, darf heute als richtig gelten, weil Millionen Deutsche es so lange falsch geschrieben hatten, bis die Kultusminister es aufgaben, die korrekte Schreibweise weiterhin einzufordern. Doch das entlastet die Mitarbeiter der Staatskanzlei und ihre Chefin nicht – die befremdlichen Schreibfehler waren bereits vor der Rechtschreibreform welche und sind es immer noch. Dass der Brief am Ende bei der Presse landete, ist natürlich nicht schön, aber irgendwie doch verdient. Und vielleicht trägt die Veröffentlichung ja ein bisschen dazu bei, die seit Jahren auf dem Rückzug befindlichen, weil dem Mainstream der Allesversteher geopferten Mahner zu stärken, die es für wichtig halten, die deutsche Sprache nicht vollends vor die Hunde gehen zu lassen. Vielleicht ist aber auch alles gar nicht so schlimm, weil sich Frau Dreyer und ihr Team mit ihrer Schreibschwäche einfach nur volksnah geben. Denn Perfektion kommt hierzulande nicht gut an, sie erscheint in einer Gesellschaft der Mittelmäßigkeit leicht als Arroganz.

(Klodeckel des Tages vom 6. Oktober 2013)

Limburger Allmachtsphantasie:
Der Bischof aus dem Mittelalter

Als kirchliche Provinzposse begann es, kaum bemerkt von einer breiteren Öffentlichkeit. Aber der Limburger Bischof Franz-Peter Tebartz-van Elst stand schon viel länger in der Kritik. Nachdem er Ende 2007 zum Bischof ernannt worden war, gab es bereits 2009 massive Beschwerden anderer Priester, die sich in einem später öffentlich gewordenen Brief über „Hochglanzkitsch" und „selbstverliebte Rituale" des Mannes beschwerten, dem sie einen „klerikalen Dünkel" attestierten. Schon damals konnte man erahnen, wie es einmal enden würde. Seither haben sich derart viele kirchliche Weggefährten über Auftreten und Führungsstil des Bischofs beklagt und zuletzt mit beinahe viereinhalb Tausend so viele Katholiken ihrem Unmut in einem Protestbrief Luft gemacht, dass man sich fragt, wie all dies an Tebartz-van Elst abgeperlt ist. Das Fass zum Überlaufen brachte ein völlig aus dem Ruder gelaufenes Bauprojekt, dessen Kosten mit mehr als 31 Mio. Euro fast sechsmal so hoch liegen wie ursprünglich versprochen. Kirchenmillionen immerhin und kein Steuergeld, jedoch ausgerechnet in einer Zeit, in der ein bescheiden auftretender neuer Papst dabei ist, auch hierzulande viel verlorenes Vertrauen zurückzugewinnen.

Den „Klodeckel des Tages" verdient sich Tebartz-van Elst also nicht nur für die Maßlosigkeit beim Bau seiner neuen Residenz, sondern für sein unrühmliches Lebenswerk. Als im Frühsommer ein erstes vernehmbares Grollen rund um den Limburger Dom zu hören war, hatte der Bischof wohl gehofft, seine Schäfchen würden sich in aller Ehrfurcht vor dem Allmächtigen bald wieder beruhigen. Und bis heute vermittelt der Mann, der auf vielfache Weise an eine der Titelfiguren der Romanverfilmung „Der Herr der Ringe" erinnert, nicht das Gefühl, sich seiner Lage bewusst zu sein. So hat die von Skandalen nur so geschüttelte Katholische Kirche ihre nächste veritable Krise am Hals, die kein lokales Ereignis mehr ist, sondern längst breite Resonanz in der internationalen Berichterstattung findet. Die Extravaganzen des „Bling-Bling-Bischofs" kosten den Vatikan nicht nur in den USA und in Europa enorme Sympathien, sondern erzürnen insbesondere die vielen Millionen Katholiken im armen Lateinamerika.

Gut, dass die Menschen dort nichts wissen von den Bettelbriefen des Limburger Bistums, in denen es um Spenden für den Erhalt und die Renovierung seiner Kirchen bittet, während die Verschwendungssucht seines Bischofs in aller Munde ist. Auch die Tatsache, dass man den eigenen Mitarbeitern in einem harten Sparprogramm die Gehälter und Zulagen seit 2002 immer weiter gekürzt hat, wirkt nun wie blanker Hohn. In Südamerika wäre der Dom wohl schon gestürmt und der unselige Gottesmann mit Schimpf und Schande aus der Stadt gejagt worden. Da ist es sehr befriedigend, wenn nun bekannt wird, dass bereits neun Strafanzeigen wegen Untreue gegen den selbstherrlichen Bischof eingegangen sind. Es ist zu hoffen, dass diese ebenso zu Konsequenzen führen wie ein Strafbefehl wegen einer falschen eidesstattlichen Versicherung. Dass sich Tebartz-van Elst noch lange im Amt halten kann, glaubt ohnehin niemand mehr. Doch leider ist es mit gefallenen Kirchenmännern genauso wie mit Berufspolitikern und Unternehmensführern: Sie fallen am Ende weich.

(Klodeckel des Tages vom 13. Oktober 2013)

Phänomen Beck: Zu krank für die Politik, aber fit für die Wirtschaft

Unsere Demokratie vergibt Ämter auf Zeit. Es ist legitim, sich nach dem Ende der politischen Karriere beruflich neu zu orientieren. Nicht ohne Grund dürfen sich ehemalige Parlamentarier, Staatssekretäre, Minister oder Regierungschefs allerdings großzügiger Übergangsgelder und Pensionen sicher sein. Dies soll ihr Ausscheiden nicht nur abfedern, sondern auch verhindern, dass sie sich allzu eilig von Unternehmen rekrutieren lassen, die nur eines im Sinn haben: Das Netzwerk des ausgeschiedenen Spitzenpolitikers zu nutzen, solange es noch intakt ist. Und genau deshalb gibt es seit langer Zeit Forderungen, eine Karenzzeit bis zur Aufnahme einer neuen exponierten Tätigkeit festzuschreiben. Dafür hatte sich auch der frühere rheinland-pfälzische Ministerpräsident Kurt Beck stark gemacht – da war er allerdings noch im Amt. Nun wurde bekannt, dass er sich seit Juni als Pharmaberater verdingt. Angeblich als „kritischer Begleiter", aber offenbar wieder topfit, nachdem er sein Ministeramt aus gesundheitlichen Gründen zu Jahresbeginn abgelegt hatte. Ein Schelm, wer Böses denkt.

Ich bin ein Schelm, und so erhält Beck den „Klodeckel" als erster Preisträger sowohl vor als auch nach seinem Ausscheiden aus der bezahlten Politik. Wobei das auch nicht wirklich stimmt, denn bezahlt wird er immer noch fürstlich. Da sind einerseits seine Pensionsbezüge in Höhe von fast € 8.500 pro Monat zuzüglich der teilweise darauf angerechneten Altersversorgung als Ex-Abgeordneter. Andererseits erhält Beck von der Friedrich-Ebert-Stiftung eine monatliche Aufwandsentschädigung von zusätzlichen € 1.000 in seiner Rolle als Stiftungsvorstand. Darüber hinaus ist er auch noch Verwaltungsratschef des ZDF. Nein, ein armer Mann ist Kurt Beck nicht – und wird es auch nie sein. Unsere Demokratie will es so: Wer erst einmal in den höchsten Regionen des Staatsdienstes angekommen ist oder auch nur einige Jahre das Parlament mit seiner Anwesenheit bereichert hat, ist lebenslang versorgt und bezieht anschließend eine Pension, die den Lohn der meisten hart arbeitenden Wähler deutlich übersteigt. Doch wo bleiben die Montagsdemonstrationen, Sitzblockaden oder auch nur der mediale Aufschrei? Angesichts der eigenen Machtlosigkeit gegen den Apparat haben die Deutschen resigniert.

Sie fordern lieber höhere Steuern und mehr Solidarität von ihren Normal-Mitbürgern, als dafür auf die Straße zu gehen, dass der Clique der Parteisoldaten das Handwerk gelegt wird, um das überall fehlende Geld beizutreiben. Und so wird die Staatskasse weiter fröhlich geplündert. Schon die Höhe der Bundestagsdiäten von monatlich € 8.252 pro Nase ist ein echtes Ärgernis, doch machen erst die Nebenkosten den Braten richtig fett. So werden allein die mittlerweile 631 Bundestagsabgeordneten die Steuerzahler in den kommenden vier Jahren annähernd eine Milliarde Euro kosten. Zudem wird der politische Betrieb mit vielen Hundert Millionen Euro aus der staatlichen Parteienfinanzierung aufgepumpt und werden Parteistiftungen mit fast einer halben Milliarde Euro pro Jahr gefüttert, während die überparteiliche Bundeszentrale für politische Bildung immer weniger Geld für immer mehr Aufgaben bekommt. Und Kurt Beck? Der kassiert nach seinem rasanten Wechsel nun als Lobbyist ab. Die von ihm und seiner SPD geforderte Schamfrist von 18 Monaten kümmert ihn nicht mehr. Gute Besserung, Herr Beck!

(Klodeckel des Tages vom 20. Oktober 2013)

Wider die Staatsräson: Gauck und die unbequeme AfD

Er war angetreten als einer der größten politischen Hoffnungsträger der letzten Jahre – und nun bekommt Joachim Gauck den „Klodeckel des Tages" verliehen. Während der Amtszeit des glücklosen Christian Wulff galt er als heimlicher Bundespräsident, mindestens aber als „Präsident der Herzen". Und nach Wulffs Abgang wurde er dann tatsächlich ganz offiziell zum Ersten Mann im Staat gewählt. Ich war damals einer seiner größten Anhänger, hatte sich mit Gauck doch endlich mal jemand durchgesetzt, der nicht den verkrusteten Kaderstrukturen der Parteien angehörte. Ein Bürgerrechtler an der Spitze des Staates – etwas Schöneres konnte man sich nicht wünschen. Noch dazu einer, dem man zutrauen konnte, den oft so abstrakten Freiheitsbegriff mit Inhalt und Leben zu füllen. Es schien, als sei Gauck der Richtige, um eine Gesellschaft aufzurütteln, die selbstzufrieden und bequem dem Liberalismus keine Bedeutung mehr beimisst. Doch nach 18 Monaten im Amt ist wenig geblieben. Gauck wirkt verändert. Immer unsichtbarer, immer belangloser ist sein Auftritt. Und äußert er sich doch einmal, fehlt ihm offenbar der Mut, seine einst so wunderbar klar formulierten Positionen zu vertreten.

Fast scheint es, als wisse Gauck nicht, wo er neben einer immer präsidialer auftretenden Kanzlerin seinen Platz finden soll. Der jüngste Versuch der eigenen Positionierung klang schrill, was nicht nur der Verfassungsrechtler Christoph Degenhart als problematisch einstuft. Der Bundespräsident, der bereits im Zuge der Prüfung der Rechtmäßigkeit des ESM durch das Bundesverfassungsgericht verlauten ließ, er wünsche den Klagen keinen Erfolg, ging in dieser Woche noch einen Schritt weiter – und schoss deutlich über das Ziel hinaus. Bei einer Diskussionsveranstaltung in Frankfurt/Oder musste man sich wenig Mühe geben, um aus Gaucks Aussagen herauszuhören, er sei „sehr dankbar", dass die nach seiner Einschätzung offenbar rechtspopulistische Alternative für Deutschland (AfD) bei der jüngsten Bundestagswahl nicht den Sprung ins Parlament geschafft habe. Man braucht kein Fan der AfD zu sein, um diese Diskreditierung einer demokratischen Partei zu verurteilen. So selten Gauck gesellschaftliche Impulse setzt, so sehr scheint er sich nun in die wieder auflebende Euro-Debatte einmischen zu wollen.

Doch die politisch korrekten Worthülsen laufen der Wahrnehmung vieler Menschen zuwider. Zwar bemüht sich das Bundespräsidialamt inzwischen um Schadensbegrenzung und spricht von einem „Missverständnis", doch scheinen die Tonaufzeichnungen von der Veranstaltung etwas anderes zu belegen. Im Kontext seiner ESM-freundlichen Haltung lassen sich Gaucks Aussagen ohnehin kaum missdeuten. Die AfD ist ihm offenbar ein Dorn im Auge, weil sie nicht zu seiner Ideologie passt. Und natürlich ist Gauck auf der Seite der Macht: Wer sich beim Thema Euro gegen die Staatsräson stellt, steht gnadenlos am medialen und politischen Pranger. Der Begriff des Rechtspopulismus ist da sehr hilfreich, weil die moralische Keule immer ihren Dienst tut. Wer die Mängel der Gemeinschaftswährung benennt oder Rechtsbrüche der Staatengemeinschaft beklagt, gilt als unsolidarisch und europafeindlich. Sollte es aber nun auch zum modernen Amtsverständnis gehören, dem Wahlvolk eine missliebige Partei auszutreiben, kann ich auf einen Bundespräsidenten verzichten. Sogar auf Gauck.

(Klodeckel des Tages vom 27. Oktober 2013)

St. Martin unterm Halbmond: Kita brockt sich dicke Suppe ein

Der politisch-korrekte Kotau vor dem Zeitgeist treibt immer wieder seltsame Blüten. Aktuell in einer Kindertagesstätte im hessischen Bad Homburg. Für die augenscheinliche Umbenennung des Sankt-Martins-Umzugs in „Sonne-Mond-und-Sterne-Fest" erhält die Stadt Bad Homburg als Betreiberin der Kita Leimenkaut diesmal den „Klodeckel". Dabei ist es egal, ob die Meldung in der Frankfurter Neuen Presse vom 30. Oktober schlampig recherchiert ist, wie die Stadt uns glauben machen will. Es spielt nämlich schlicht keine Rolle, ob es sich bei der neuen Bezeichnung für den Laternenumzug um eine offizielle Regelung der Stadtoberen oder nur um eine informelle Sprachsäuberung durch die Kita-Verantwortlichen handelt. Eine seit Generationen begangene christliche Tradition soll offenbar aus Gefallsucht gegenüber Nicht-Christen „entschärft" werden. Dieser Eindruck drängt sich umso mehr auf, als dieselbe Kindertagesstätte vor etlichen Jahren schon einmal durch den Versuch auffiel, den Sankt-Martins-Umzug durch Halloween zu ersetzen, weil man keine kirchliche, sondern eben eine städtische Einrichtung sei.

Nun bin ich, wie jeder hier weiß, ganz sicher kein Kirchenfan. Und doch plädiere ich an dieser Stelle dafür, die eigenen christlichen Traditionen selbstbewusst zu vertreten. Der Vorgang zeigt, wie tief verunsichert unsere Gesellschaft unter dem Druck aller möglicher Interessengruppen und deren medialer Helfer inzwischen ist. Man darf wohl davon ausgehen, dass die nach Auskunft des städtischen Sozialdezernenten lediglich auf eine Suppe beim letztjährigen Sankt-Martins-Tag zurückgehende Bezeichnung weit mehr ist als nur ein sprachliches Alternativangebot. In der Sackgasse falsch verstandener Integration scheint alles im Weg zu stehen, was andere Weltanschauungen verstören könnte. Doch wer hat sich je über christliche Traditionen in Deutschland beklagt? Juden? Thaoisten? Buddhisten? Hindus? Nein, von all diesen Religionsvertretern sind Klagen nicht zu hören. Diskriminiert fühlt sich reflexartig der immer selbe Kulturkreis, was nicht einmal zwangsläufig mit der Religion zu tun hat. Und wenn sich tatsächlich mal niemand von selbst zu Wort meldet, schwingen sich selbsternannte Anwälte der Fachrichtung "Gutmenschentum" auf, die vermeintlichen Interessen zu vertreten.

Ähnliche Vorstöße gibt es auch andernorts, wo durchaus schon einmal laut über die Abschaffung des Weihnachtsfestes nachgedacht wird. Und im SPD-regierten Hamburg haben Arbeitnehmer muslimischen Glaubens inzwischen ein Recht auf Urlaub an „ihren" Feiertagen. Buddhisten übrigens nicht. Juden, Thaoisten und Hindus auch nicht. Immer tiefer verbeugt sich die deutsche Politik vor dem Islam. Doch eine Gesellschaft, die ihre Wurzeln – auch die religiösen – zunehmend verleugnet, muss sich nicht wundern, wenn sie zum Spielball fremder Interessen wird. In vorauseilendem Gehorsam wird das eigene Terrain preisgegeben, das andere, auf Expansion ausgerichtete Kulturen nur zu gerne erobern. Sankt Martin war ein guter Mann, der gerne mit den Armen teilte – das sollten alle Religionen akzeptieren können. Es fällt schwer, zu glauben, dass sich jemand durch einen barmherzigen Christen diskriminiert fühlen könnte. Noch absurder ist es, wenn Vertreter städtischer Einrichtungen solche Befindlichkeiten fördern. Aber sehen das alle Verantwortlichen in Bad Homburg so?

(Klodeckel des Tages vom 3. November 2013)

Sozialistische Doppelmoral: Die „taz" und der Mindestlohn

Der Mindestlohn bewegt die Gemüter wie kaum ein anderes Thema. Wochenlang schien es im Wahlkampf nur noch um die Frage zu gehen, wie man ihn wohl am Ende nennen möge und ob er bei € 8,50 oder gar noch höher anzusiedeln sei. Folglich waren sich Union und SPD rasch einig: Der Mindestlohn muss her. Ein Sieg der schier übermächtigen Brigade linkspopulistischer Medien, die sich bei der Abschaffung der Tarifautonomie nun am Ziel ihres journalistischen Klassenkampfes wähnen dürfen. Monat für Monat hatte die vereinigte redaktionelle Linke ihren Druck erhöht, bis sich selbst Konservative und Liberale aus Angst vor dem Wähler beugten. An vorderster Front immer mit dabei: Die „taz". Doch in dieser Woche bezog das sozialistische Vorzeigeprojekt sogar von der eigenen Klientel Prügel. In einer Stellenanzeige wird seit Mittwoch ein Volontär gesucht, für ein Monatsgehalt von € 903,15 – ein Stundenlohn von nicht mal € 5,50. Von Mindestlohn weit und breit keine Spur! Dafür aber jede Menge Stoff für den „Klodeckel des Tages", der diesmal an die „taz" geht.

Es ist schon reichlich entlarvend, wenn einer der lautesten Rufer nach dem flächendeckenden gesetzlichen Mindestlohn eben dies gerade bei sich selbst für nicht realisierbar erklärt. Erst vor vier Wochen titelte die „taz" zur damals noch laufenden Mindestlohndiskussion der künftigen Koalitionspartner vom hohen Ross herab: „Deutschland gehen die Ausreden aus". Umso interessanter, wie sich die Redaktionsleitung nun selbst herausredet. In einer eilig über den eigenen Blog verbreiteten Verlautbarung ließ die „taz" wissen, dass die Zeitung nur existieren könne, weil ihre

Mitarbeiter bereit seien, sich aus Idealismus und Überzeugung mit einer Bezahlung zufrieden zu geben, die bei lediglich zwei Dritteln des branchenüblichen Lohns liege. Man müsste daher, so die „taz", ein Drittel der rund 250 Mitarbeiter entlassen, wolle man angemessene Löhne bezahlen. Die Alternative einer entsprechenden Steigerung der Umsätze sei „kurzfristig unrealistisch". Das zum Prinzip erklärte Unterlaufen der selbst propagierten Lohnuntergrenze würde von den Mitarbeitern jedoch akzeptiert, „weil das kleinere Geld durch größere Möglichkeiten, Freiheiten und ein einzigartiges Umfeld durchaus aufgewogen" werde. Aha, so einfach ist das also.

Zumindest hat die „taz" die Funktionsweise marktwirtschaftlicher Prinzipien verstanden. Ein Unternehmen kann nur so viele Mitarbeiter beschäftigen bzw. seinen Angestellten nur so viel bezahlen, wie es die Firmenkasse nach Abzug aller Kosten hergibt. Bravo! Interessanterweise akzeptiert der Genosse Redakteur diese altbewährte Kausalität aber nur in den Fällen in denen er sich als Unternehmer selbst am Markt behaupten muss. Alle anderen Arbeitgeber sollen gefälligst einen Mindestlohn zahlen. Am besten gleich € 10 die Stunde, koste es auch die Existenz. So geht Sozialismus: Immer nur die anderen! Das Schreiben für die „taz" zum Mini-Lohn ist für Linke akzeptabel, weil das höhere Ziel offenbar alles rechtfertigt. Vielleicht sollte sich die selbsternannte sozialistische Avantgarde aber mal fragen, ob das so vehement im eigenen Haus verteidigte Modell nicht auch für Arbeitnehmer anderer Branchen taugt. Einen Job zu haben, ist nämlich allemal besser, als bei flächendeckendem Mindestlohn arbeitslos zuhause rumzusitzen. Fragen Sie mal die Mitarbeiter der „taz"…

(Klodeckel des Tages vom 10. November 2013)

Der Export-Buhmann: Deutschland in der Protektionismus-Zange

Bei kaum einem Thema wird so gelogen wie beim Euro. Die über die Jahre immer weiter perfektionierte Propaganda von IWF, EU-Kommission und Euro-Gruppe stellt die professionellste Desinformation des früheren Politbüros der DDR in den Schatten. Überstrahlt wird das immerwährende Mantra vom heiligen Euro von der ebenso legendären wie blödsinnigen These: „Scheitert der Euro, so scheitert Europa". Und das Ganze nur, um eine ohne jede Not kreierte Gemeinschaftswährung zu verteidigen, deren Zerstörungskraft sich jedem vernünftig Denkenden inzwischen erschließen müsste. Dass Deutschland vom Euro am meisten profitiere, ist eine nicht minder sinnfreie Behauptung. Wer ist dieses Deutschland? Die international tätigen Großkonzerne? Die politische Elite? Nein! Deutschland, das sind die Bürger mit ihren Sparguthaben und ihrer Altersvorsorge. Deren Ersparnisse werden nunmehr auf dem Altar der Schuldenmacher geopfert, was nicht unbedingt den Schluss nahelegt, sie seien die Profiteure des Euros. Aber auch volkswirtschaftlich ist Deutschland als ewiger Zahlmeister längst in völlig neue Dimension vorgestoßen.

In diesem Jahrhundert dürfte es wohl keiner Generation in unserem Land mehr gelingen, nachhaltig Vermögen aufzubauen. Und nun hat sich das feixende Gesicht der Umverteilungsmaschine zu Wort gemeldet: EU-Kommissionspräsident José Manuel Barroso. Er erhält für seine Kritik am deutschen Exportboom den „Klodeckel des Tages", den er sich mit US-Ökonom Paul Krugman teilen darf, der unlängst ins gleiche Horn stieß. Letzterem ist anzukreiden, dass er sein Fach eigentlich verstehen müsste, ist er doch immerhin Wirtschafts-Nobelpreisträger. Als willfähriger Handlanger einer verzweifelten US-Regierung ist er sich aber offenbar nicht zu schade. Barroso wiederum kündigte Mitte der Woche ein Prüfverfahren der EU-Kommission an, um Deutschlands Exportstärke unter die Lupe zu nehmen. Dabei exportierte Deutschland schon immer mehr als es importierte. Früher aber hatten die europäischen Nachbarn die Möglichkeit, dies über ihre eigenen Währungen auszugleichen. Doch dann kam der Euro. Hätte Barroso seine Pläne am 11.11. verkündet – er hätte alle Lacher auf seiner Seite gehabt. Helau!

Ohne jede Rechtsgrundlage soll ein Staat dazu verpflichtet werden, sich schwächer zu machen als er ist. Verkehrte Welt – und doch Sinnbild eines Zeitgeistes, auf den künftige Generationen wohl einmal kopfschüttelnd zurückblicken werden, so wie wir auf die Ereignisse der ersten Hälfte des vergangenen Jahrhunderts. Der von den durchsichtigen Scharaden der Amerikaner befeuerte und purer Verzweiflung folgende Ruf aus Brüssel ist also nicht mehr, als der Versuch, die Fehlkonstruktion der Gemeinschaftswährung durch die Herabsetzung der deutschen Exportstärke beheben zu wollen. Besser wäre es, wenn die Brüsseler Bürokraten jene Länder zu mehr Solidität und zu Strukturreformen anhalten würden, die heute am Tropf der Geldgeber hängen. Doch dazu fehlt nicht nur der Mut, sondern auch das Personal: Alle entscheidenden Stellen im Euro-Pokerspiel sind mit Südländern besetzt. Wer hat da wohl die besten Karten? Ein Trost bleibt Barroso und Krugman: Wenn die künftige Große Koalition auch nur einen Teil ihrer Vorhaben umsetzt, erledigt sich das Problem mit der überstarken Wirtschaftsmacht Deutschland von selbst.

(Klodeckel des Tages vom 17. November 2013)

Gründlich verrechnet: Wenn die Naturwissenschaft irrt

Der „Klodeckel des Tages" geht diesmal an Bundeskanzlerin Angela Merkel. Diese muss in den sich quälend lang hinziehenden Koalitionsverhandlungen mit ansehen, wie die Union durch das Fehlen echter Bündnisalternativen immer erpressbarer wird. Der Rausch der beinahe errungenen absoluten Mehrheit ist längst dem Kater über einen offensichtlichen Pyrrhussieg gewichen. Die SPD-Linke kann eine Forderung nach der anderen durchsetzen, weil sie weiß, dass Merkel Neuwahlen ebenso sehr fürchtet wie die Genossen selbst. Und da eine schwarz-grüne Koalition gottlob niemand ernsthaft will, ist die Kanzlerin der SPD auf Gedeih und Verderb ausgeliefert. Mancher hatte bereits kurz nach dem Wahltag prognostiziert, dass Merkel auf dem Zenit ihrer politischen Macht nun vor schweren Zeiten stehe. Zu leicht hatte sie es in der vergangenen Legislaturperiode einerseits mit einer leblosen FDP. Zu limitiert stellen sich für Merkels Union aber andererseits die Optionen ohne eine FDP im Bundestag dar. So dürfte die Kanzlerin ihre unterlassene Hilfeleistung für den siechenden Ex-Partner inzwischen mehr als einmal bereut haben.

Die kühle Naturwissenschaftlerin Merkel, der nachgesagt wird, sie mache wenige strategische Fehler, hat sich diesmal gründlich verkalkuliert. Ihr bleibt nun nur noch, Position um Position zugunsten der SPD zu räumen, um zumindest ihre Kanzlerschaft zu retten. Ohnehin scheint dies ihr einziges Ziel. Gestalten ist ihre Sache nicht. So rechnen Beobachter bereits vor, dass sich Gabriel & Co. in den Koalitionsverhandlungen in den meisten Arbeitsgruppen durchgesetzt haben. Vor allem bei den Themen Mindestlohn, doppelte Staatsbürgerschaft und Zuschussrente dürften am Ende die SPD-Forderungen im Koalitionsvertrag stehen. Auch bei der von der CDU mitgetragenen Frauenquote, die nun deutlich früher festgeschrieben werden soll, und der Finanztransaktionssteuer, bei der man nicht mehr auf den Rest Europas warten wird, setzte sich die SPD durch. Die Republik rückt nach links, was angesichts des Zeitgeistes einer zunehmend ausufernden Staatgläubigkeit wohl niemanden überrascht. Denn wo immer mehr Menschen direkt oder indirekt von staatlichen Leistungen profitieren, finden sich naturgemäß immer weniger Befürworter von Eigenverantwortung und Unabhängigkeit.

Und doch ist festzuhalten, dass das bürgerliche Lager bei der jüngsten Bundestagswahl die klare Stimmenmehrheit errungen hat. Gleichwohl ist durch die Abstinenz zweier Parteien, die knapp an der 5%-Hürde gescheitert sind, die groteske Situation entstanden, dass der haushohe Wahlsieger im neuen Bundestag einer linken Mehrheit gegenübersteht. Und so kann sich die SPD – anders als noch vor acht Jahren – diesmal voller Zuversicht in das Abenteuer Große Koalition stürzen. Merkel wird trotz der Unterstützung der stärksten Unionsfraktion seit über zwei Jahrzehnten ihren Partner nicht noch einmal kleinregieren, wie sie dies seit 2005 gewohnt war. Es wäre spannend zu sehen, wie sich die Verhältnisse nach einer Neuwahl sortieren würden, die es vor allem aus einem Grund nicht geben wird: Nichts fürchtet die politische Elite gerade im Jahr der Europawahl mehr als den Bundestagseinzug der AfD. Die CDU hätte damit jedoch die Chance, die eigene Partei wieder im konservativen Spektrum zu verankern. Denn es gibt auch eine Zeit nach Angela Merkel…

(Klodeckel des Tages vom 24. November 2013)

Der „Copy & Paste"-Club: Deutsche Medien im Armutsrausch

Mitte der Woche machte eine Zunft einmal mehr unrühmlich auf sich aufmerksam. Die Meinungsmacher der Print-, Internet- und Fernseh-Redaktionen präsentierten der Öffentlichkeit einmütig die von der Deutschen Presseagentur übernommene Quintessenz des „Datenreports 2013". Dieser wird einmal im Jahr vom Statistischen Bundesamt, der Bundeszentrale für politische Bildung und zwei weiteren wissenschaftlichen Instituten erhoben, um zu messen, wie es um den Wohlstand und die soziale Sicherheit der Deutschen bestellt ist. Wichtige Fingerzeige enthält auch der diesjährige Sozialbericht wieder, doch verdient die versammelte Heerschar der deutschen Medien kollektiv den „Klodeckel des Tages" dafür, dass Analyse und Recherche in der heutigen „Echtzeitwelt" immer öfter auf der Strecke bleiben. Jeder will der Erste sein – oder wenigstens knapp als Zweiter durchs Ziel gehen. Das geht nur, wenn man vom Schnellsten abschreibt. Egal, ob Handelsblatt, Welt, Süddeutsche oder Zeit, alle beklagten, dass es hierzulande trotz steigender Beschäftigung immer mehr Armut gibt.

Doch was steht wirklich in jenem Kapitel 6 des Datenreports, das nüchtern mit „Private Haushalte – Einkommen, Ausgaben, Ausstattung" überschrieben ist? Die Ergebnisse werden dort wie folgt zusammengefasst: „Zwischen 2009 und 2010 stieg der Median des Äquivalenzeinkommens in Deutschland. Die Ungleichheit der Einkommensverteilung ist konstant geblieben." Mit anderen Worten: Die Kluft zwischen arm und reich ist eben nicht größer geworden. Zudem bezieht sich die Statistik auf jene Jahre, in denen die Wirtschaftskrise ihren Höhepunkt erlebte und Millionen Beschäftigte zu verminderten Bezügen in Kurzarbeit geparkt wurden. Gemäß der Definition des Reports ist man mit weniger als 60% des mittleren Nettoeinkommens armutsgefährdet (nicht etwa arm). Diese Schwelle steigt mit wachsendem Durchschnittseinkommen an – eine mathematische Binsenweisheit. Wer also unterdurchschnittliche Einkommenssteigerungen erlebt, kann plötzlich armutsgefährdet sein, ohne von Armut bedroht zu sein. Doch selbst unter den extremen Rahmenbedingungen der Krisenjahre stieg der Anteil der vermeintlich Armutsgefährdeten zwischen 2007 und 2011 nicht einmal um einen Prozentpunkt.

Für eine sinnvolle Aussage muss man die Einkommenssteigerungen vor dem Hintergrund der Inflationsentwicklung betrachten. Und hier läge tatsächlich ein Ansatz zu erheblicher Kritik – die jedoch nicht Arbeitgeber oder gar den Kapitalismus als Ganzes treffen kann. Sie muss sich an die Euro-Jubler richten, die beharrlich negieren, dass das Kunstprodukt einer verkorksten Gemeinschaftswährung wohlstandsgefährdend ist. Erst die Preissprünge des vergangenen Jahrzehnts, die kurzzeitig durch die Staatsschuldenkrise gebremst werden, haben die Deutschen ärmer gemacht. Preissteigerungen bei Gütern des täglichen Bedarfs von 5% und mehr wecken Erinnerungen an die 1980er Jahre, als aber der Zins für Geldanlagen der Inflation Rechnung trug. Heute vernichtet das mafiöse Geflecht aus Zentralbanken und politischen Eliten die Ersparnisse einer ganzen Generation – egal, ob der Einzelne mit seinem persönlichen Einkommen nun über oder unter der willkürlichen 60%-Schwelle liegt. Und erst hier – bei der dramatischen Einschätzung des Risikos der Altersarmut – liegen die Kommentatoren richtig.

(Klodeckel des Tages vom 1. Dezember 2013)

Der Sturm im Wasserglas: Viel Wind im Kampf um die Quote

Der „Klodeckel" geht einmal mehr an das gebührenfinanzierte Fernsehen – an den „ARD Brennpunkt". Dass die GEZ-Ritter in ihren Nachrichtenformaten zunehmend Trivialitäten servieren, macht nicht nur „Tagesthemen"-Ikone Ulrich Wickert wütend. Der Mann, der 15 Jahre lang das ARD-Nachrichtenflaggschiff steuerte, weiß genau, wovon er spricht. Nicht nur er vermisst immer häufiger das Verständnis der Programmdirektoren für den Grundauftrag des öffentlich-rechtlichen Rundfunks. Dieses erkennt man bestenfalls noch in den schamvoll versteckten und lieblos präsentierten Spartensendern. In den Hauptnachrichten der Konzernmütter tritt hingegen die Information zunehmend hinter die Unterhaltung zurück. Dies gilt besonders für das ZDF, bei dem die aufgesetzte Lockerheit der Studio-Duos sowie allerlei grafische Mätzchen unangenehm auffallen. Der Boulevard regiert und kommt deshalb regelmäßig in Einspielern zu Wort, weil die „Stimme von der Straße" im Mitmachfernsehen nicht mehr fehlen darf. All das ist lustig im Vergleich zum Gefühl, der Nachrichten-Auswahl liege die Zementierung eines bestimmten Weltbildes zugrunde.

Als wären Propaganda und Schnickschnack nicht schlimm genug, fällt ein zunehmender Hang zum Sensationsjournalismus auf. War der „Brennpunkt" ehemals vor allem geschichtsträchtigen Ereignissen wie dem Mauerfall, dem Irak-Krieg oder dem Beinahe-Kollaps des Finanzsystems vorbehalten, reicht der nach Skandalen und Sensationen gierenden Unterhaltungsgesellschaft heute schon vergammeltes Fleisch, ein Bahnstreik oder das Wetter. Und gerade die Inflation der Sondersendungen zu mehr oder weniger interessanten Wetterkapriolen entwertet das Format zusehends. Diesmal war es also ein Sturm. Natürlich werden Flug- und Bahnverkehr von derlei Wetterextremen beeinträchtigt. Und Überschwemmungen oder abgedeckte Dächer sind für Betroffene oft furchtbare finanzielle Tragödien. Aber lassen wir die Kirche doch mal im Dorf. Kaum haben wir einen verregneten Juli, fallen ein paar Schneeflocken oder steigt das Thermometer an drei Tagen in Folge auf über 30 Grad, erwacht der redaktionelle Übereifer. Hektisch wird in den Archiven der Menschheitsgeschichte gekramt und jeder Passant im größtmöglichen Umkreis um das Epizentrum der „Katastrophe" vors Mikrofon gezerrt.

Und wo nichts zu berichten ist, muss eine vom Winde verwehte Reporterin per Live-Schaltung herhalten, auf dass ihr wild flatterndes Haar und das Rauschen des Sturms den Zuschauer in Angst und Schrecken versetzen mögen. So geschehen am vergangenen Donnerstag, als ein sichtlich bemühter Studiomoderator nichts zu vermelden hatte. Da half es auch nicht, die bunt eingefärbten Strömungsfilme auf der Wetterkarte immer und immer wieder ablaufen zu lassen. So war das Gros der Sendezeit einem Filmchen gewidmet, in dem ein Landwirt im entlegensten Zipfel Norddeutschlands in aller Seelenruhe Holzlatten an die Fenster seines Häuschens nagelte. Die aufreizende Ruhe des Alten, der schon die Sturmflut von 1962 erlebt hatte, musste den Programmmachern besonderes Unbehagen bereiten. Im „Brennpunkt" am Folgetag gab es ebenso wenig zu berichten. Viel Wind und hohe Pegelstände, sonst nichts. Das GEZ-finanzierte Abgleiten ins Profane ist natürlich nur ein Spiegelbild der Gesellschaft. Und das ist die wahre Katastrophe, die längst mal einen „Brennpunkt" verdient hätte.

(Klodeckel des Tages vom 8. Dezember 2013)

Südafrikas Hampelmann: Wenn einem Hören und Sehen vergeht

Scharlatane gibt es viele auf der Welt. Manchmal sind sie auf den ersten Blick zu erkennen und lassen ihre Opfer keinen Moment lang im Zweifel über ihre unlauteren Absichten. Manchmal kommen sie aber auch gut gekleidet daher und erwecken dabei allzu gerne den Eindruck besonderer Wichtigkeit. Dann verstecken sie sich hinter den glitzernden Glasfassaden der Bankentürme oder treiben ihr unheilvolles Werk unter dem Deckmantel wohlmeinender Politik. Zur Sorte der Betrüger im feinen Gewand, die sich spielend auf dem Parkett der Wichtigen bewegen, gehört offenbar auch Thamsanqua Jantjie. Dieser lieferte bei der Trauerfeier für den verstorbenen Nelson Mandela ein echtes Bauernstück ab. Seine „Gehörlosen-Pantomime" blamierte eine stolze Nation ausgerechnet in dem Moment, in dem die Augen der ganzen Welt auf sie gerichtet waren. Wild fuchtelnd „übersetzte" der vermeintliche Gebärdensprachler nicht nur die Rede von US-Präsident Obama. Für die Verpflichtung des offensichtlichen Hochstaplers erhält Südafrikas Vize-Ministerin für die Belange Behinderter, Hendrietta Bogopane-Zulu, den „Klodeckel des Tages".

Diese gestand jetzt ein, für die von aller Welt mit großer Anteilnahme verfolgte Feier keinen ausgebildeten Gebärdendolmetscher eingestellt zu haben. Jantjie sei jedoch der Gehörlosensprache durchaus kundig und bei Gerichtsprozessen bereits eingesetzt worden, möglicherweise hapere es aber an seinen Englischkenntnissen. „Am Tag danach" musste sich die südafrikanische Regierung mit viel Pathos bei allen Gehörlosen entschuldigen, die natürlich sofort bemerkt hatten, dass die immer gleichen rudernden Armbewegungen kompletter Unfug waren und mit Gebärden-sprache wenig zu tun hatten. Noch abenteuerlicher als der Auftritt selbst waren anschließend die Rechtfertigungsver-suche des Überführten: Er leide unter Schizophrenie und nehme Medikamente, deren Wirkung ihn an jenem Tag im ungünstigsten Moment übermannt habe. Seine verzweifel-ten Bemühungen, sich „unter Kontrolle zu kriegen", seien vergebens gewesen. Er habe gar halluziniert und Stimmen gehört. Der 34-Jährige fühlte sich „allein in einer sehr ge-fährlichen Situation". Für die vielen enttäuschten Gehörlo-sen ist es blanker Hohn, dass Jantjie insistiert, er sei kein Hochstapler, sondern ein „Meister der Gebärdensprache".

Ganz und gar nicht meisterlich fand man ihn in Südafrika bei früheren Veranstaltungen, bei denen er sein windiges Handwerk verrichtete. Offenbar gab es schon im vergange-nen Jahr Hinweise, dass der bewegungsfreudige Wichtig-tuer zwar flinke Arme, aber nur begrenzte Sprachkenntnis-se besitzt. Besonders delikat ist die ganze Angelegenheit überdies für die sicherheitsfanatischen US-Geheimdienste, denen angesichts der Vorstellung das Blut in den Adern gefroren sein musste, dass der amerikanische Präsident einem Mann schutzlos ausgeliefert war, der nach eigenem Bekunden keine Kontrolle mehr über sein Handeln hatte. Zum Glück ist alles gutgegangen: Obama hat es überlebt und Mandela wird es verzeihen. Südafrika aber, das sich nach der Überwindung der Apartheid mühsam den Res-pekt der Welt erarbeitet hatte, muss nach der ebenso pein-lichen wie gefährlichen Posse viele Fragen beantworten. Nicht auszudenken, wenn die Stimmen im Kopf dem schi-zophrenen Jantjie im Angesicht des amerikanischen Präsi-denten etwas anderes als Slapstick befohlen hätten...

(Klodeckel des Tages vom 15. Dezember 2013)

Großkoalitionäre „Bescherung":
Die neue Rentenbeitragssteuer

Rund drei Monate nach den Wahlen haben sich in Hessen und im Bund nun die Koalitionen gebildet. Doch so unterschiedlich die Pärchen sind, die sich mit CDU und Grünen in Hessen einerseits und mit CDU/CSU und SPD im Bund andererseits gefunden haben, gibt es doch eine große Gemeinsamkeit: Es wird teuer für die Bürger. Als erste Amtshandlung hat die schwarz-grüne Landesregierung vereinbart, die Grunderwerbsteuer in Hessen ab 2015 auf 6% zu erhöhen. Erst Anfang 2013 war sie vom einst bundesweit geltenden Basissatz auf 5% verteuert worden. Mit dieser Maßnahme wird es breiten Bevölkerungsschichten noch schwerer gemacht, Immobilien zu erwerben – ganz im Sinne des Zeitgeistes, dem Eigentum und Vermögen suspekt ist. Wer etwas besitzt, gilt vielen heute schon als verdächtig, weil es eben einfach ungerecht ist, wenn einer etwas hat und der andere nicht. Der Vormarsch des Sozialismus endet aber selbstverständlich nicht in Hessen. Er spiegelt sich auch im Koalitionsvertrag der neuen Bundesregierung. Für das 185 Seiten starke Gesamtkunstwerk erhält die Große Koalition den „Klodeckel des Tages".

Man könnte allerlei Abenteuerlichkeiten herausgreifen, doch sei hier exemplarisch nur das handstreichartige Außerkraftsetzen der gesetzlich vorgeschriebenen Rentenbeitragssenkung genannt. Die fortschreitende Hemmungslosigkeit bei der Beugung geltender Gesetze, wie wir sie von der europäischen Ebene seit Jahren beim Thema Euro kennen, scheint zum neuen politischen Stil zu gehören. Längst ist die Demokratie einer ihrer wichtigsten Grundpfeiler beraubt: Verlässlichkeit und Rechtssicherheit gibt es überall dort nicht mehr, wo der gefräßige Staat sich zusätzliche Einnahmen erhofft. Dabei wäre genügend Geld da, um die Schuldenbremse einzuhalten, die man sich grundgesetzlich verordnet hat. Immer weiter sprudelnde Steuereinnahmen, die der „Arbeitskreis Steuerschätzungen" für die laufende Legislaturperiode auf mehr als 700 Milliarden Euro pro Jahr veranschlagt, sollten an sich genügen. Doch der Stimmenkauf des Parteienstaates kostet stets mehr als die Kasse hergibt. Und so wird nirgends gespart.

Der Griff in die Rentenkasse, deren Vermögen zur Umgehung der Schuldenbremse künftig als Schattenhaushalt missbraucht wird, zeigt die Ruchlosigkeit einer politischen Kaste, die ihre perfide Klientelpolitik nur noch mit Tricks am Rande der Legalität aufrecht erhalten kann. Dass die junge Generation dagegen Sturm läuft, lässt hoffen. Es muss ein Umdenken in unserem Land erfolgen, wollen wir die Demokratie nicht an radikale Rattenfänger verlieren: Erste Politikerpflicht muss die Senkung der Staatsausgaben sein. Geld kann es nur noch für diejenigen geben, die in echter Not sind. Dazu gehört aber auch, dass wir endlich die Profiteure einer Branche entlarven, die den Armutsbegriff immer weiter dehnt, um ihren Kundenkreis stetig zu erweitern und ihre Daseinsberechtigung zu erhalten. Sich zu Weihnachten keine neue Playstation leisten zu können, zeugt eben nicht von Not. Wer eine ausreichende medizinische Versorgung genießt, wie jeder in diesem Land, wer ein beheiztes Dach überm Kopf hat und sich täglich über genug zu essen freuen kann, dem geht es gut – egal, wie viel sein Nachbar hat. Erst, wenn diese schlichte Wahrheit endlich salonfähig ist, können wir unser politisches System vom Kopf auf die Füße stellen. Frohe Weihnachten!

(Klodeckel des Tages vom 22. Dezember 2013)

Dem Zeitgeist geopfert: Das Ende der „Europäischen Idee"

Der letzte Beitrag im Jahr 2013 würdigt nicht eine grobe Fehlleistung in der abgelaufenen Woche, sondern richtet den Blick einige Tage voraus. Am 1. Januar 2014 fallen für Rumänen und Bulgaren sieben Jahre nach dem EU-Beitritt ihrer Länder die letzten Schranken. Sie dürfen sich dann in jedem anderen europäischen Staat nicht nur niederlassen und Arbeit suchen, sondern haben auch unmittelbaren Anspruch auf staatliche Unterstützung in den Ländern ihrer Wahl. Gerade Letzteres bereitet den Städten und Gemeinden in Deutschland Sorge, gehören sie doch zu den attraktivsten Zielen der Osteuropäer. Nicht nur wegen der Arbeitsmarktsituation, sondern vor allem aufgrund der „All inclusive light"-Versorgung unseres Sozialstaats. Es gibt ein Reihe von Experten, die befürchten, die Kommunen könnten dem Ansturm nicht gewachsen sein. Anders das Forschungsinstitut zur Zukunft der Arbeit (IZA), das jubilierend verkündet, die Einwanderung geschätzter weiterer 200.000 Bulgaren und Rumänen allein in 2014 werde Deutschlands Fachkräftemangel lindern. Hierfür erhält IZA-Chef Klaus Zimmermann den „Klodeckel des Tages".

Die optimistischen IZA-Forscher blenden nämlich eine grundlegende Wahrheit aus: Schon seit dem EU-Beitritt beider Länder ist Akademikern und ausgebildeten Fachkräften die Aufnahme einer Beschäftigung in anderen EU-Staaten erlaubt. Hoch qualifizierte Rumänen und Bulgaren, die einen Neuanfang in einer besseren Arbeitswelt suchen, haben ihrem Heimatland längst den Rücken gekehrt. Mit Bedacht war seinerzeit in den Beitrittsverträgen festgehalten worden, dass sich Ungelernte maximal bis zu sechs Monate im Gastland aufhalten dürfen. Nur für diese Gruppe entfällt ab Januar die Hürde, die es für Hochqualifizierte nie gab. Wer künftig noch kommt, ist dementsprechend überwiegend gering qualifiziert, wodurch der Druck auf den Arbeitsmarkt im unteren Lohnsegment zunehmen wird. Viele Zuwanderer werden angesichts von Sprachbarrieren und anderen Startschwierigkeiten kaum Arbeit finden. Schon heute ist in Städten wie Duisburg oder Dortmund zu beobachten, was passiert, wenn ganze Stadtviertel dem Zuzug von Armutsflüchtlingen ausgesetzt werden. Immer mehr Alteingesessene wollen dort nicht mehr wohnen und es bilden sich regelrechte Ghettos.

Aber auch in anderen Regionen – vor allem im prosperierenden Rhein-Main-Gebiet – macht sich die neue Freizügigkeit bemerkbar. Es gehört Mut dazu, dies in Deutschland zu thematisieren, in anderen Ländern ohne einschlägige Vergangenheit wird hingegen deutlich offener diskutiert. Großbritanniens Premierminister hat unlängst artikuliert, was sein Land gegen Armutseinwanderung in die Sozialsysteme zu tun gedenke. Und selbst im sozialistischen Frankreich verschließt man sich angesichts des drohenden Finanzkollapses der ehemaligen "Grande Nation" solchen Überlegungen nicht mehr. Andere EU-Länder sehen die Lage lockerer, weil sie mit ihren wenig üppig ausgestatteten Sozialsystemen für viele Zuwanderer nicht besonders attraktiv sind. Die Armutseinwanderung ist aber nur eine der vielen Auswirkungen einer Europapolitik, die sich als Vorreiter eines zerstörerischen Zeitgeistes geriert. Gleichmacherei statt Unterschiedlichkeit und Eigenständigkeit. Im Jahr der Europawahl haben wir die Chance aufzustehen und laut auszurufen, dass wir dieses Europa nicht wollen!

(Klodeckel des Tages vom 29. Dezember 2013)

Der Autor, Jahrgang 1968, lebt als Privatier in der Nähe von Frankfurt. Neben seinem ehrenamtlichen politischen Engagement klärt der Finanzexperte in Fachvorträgen über die Euro-, Banken- und Staatsschuldenkrise auf. Sein besonderes Interesse gilt aktuellen gesellschaftlichen Entwicklungen, die er mit spitzer Feder in seinem Blog aufs Korn nimmt.

Für Fragen und Anregungen erreichen Sie den Autor unter ramin.peymani@gmx.de.

Der „Klodeckel des Tages" erscheint jeden Sonntag auf www.klodeckel-des-tages.de.